東京・吉祥寺の
人気カレー店

ピワンのおカレー

ピワン店主 石田 徹

ピワンの“おカレー”

店名のピワンはチベットの弦楽器の名前で、
音を奏でるようにカレーを作り続けていきたいな、
という思いを込めて名づけました。
カレーに“お”をつけた“おカレー”は、
日本のお雑煮やおそばのように親しみと敬意を込めてこう呼んでいます。

ピワンのカレーの特徴は、
さらっとして胃にもたれにくく、辛みを抑えていること。
お店には初めてカレー屋でカレーを食べるかたから、
小さなお子さんや年配のかたまで幅広い層のかたが来られるので、
どなたでも食べやすいカレーにしています。
さらにテーブルにはカイエンペッパーとナンプラー酢を置いてあるので、
自分好みの味にアレンジして食べることもできます。

２種盛りのターメリックライスの盛り方は、
きっちりとした形が特徴です。
カレーを食べ進めていくとこのライスはくずれ、
２つのルーが混ざってきます。
それをまた新しい味として味わっていただけたらうれしいと思っています。

ある日、ピワンのカレーを食べたお客様に
「温泉につかったあとのような気分だよ」と言われたことがあり、
忘れられないうれしい言葉として心に残っています。
“体がじわっと温まって元気になれるようなカレー”
そんなカレーをご自宅で作ってもらえたらうれしいです。

本書ではなるべく簡単なスパイスと手法で
ピワンのカレーを再現できるようなレシピにしました。

ピワン店主
石田 徹

CONTENTS

- 大さじ1＝15㎖、小さじ1＝5㎖、1合＝180㎖です。
- 本書で使っているフライパンは、深型タイプ、直径24㎝、深さ8㎝のフッ素樹脂加工のものです。
- 使う調味料によって塩加減が多少異なります。味をみて塩加減を調整してください。
- 本書ではハンディブレンダーを使っていますが、ミキサーでも大丈夫です。
- 保存について。「玉ねぎペースト」と「トマトペースト」は冷凍保存可能ですが、カレーについては保存をおすすめしません。作った当日に食べるようにしてください。カレー以外のおかずや副菜などについては、なるべく早く食べていただきたいですが、保存できるものは期間を入れているので参考にしてください。

トマトペーストのおカレー

トマトペーストでふだんおかず

ベースは2つのペースト

カレーの土台になるのは「玉ねぎペースト」と「トマトペースト」。
この2つのペーストをベースにしてカレーのバリエーションを広げます。
どちらもしっかりいためて玉ねぎの甘みやうまみを引き出します。
カレーだけでなくふだんのおかずや副菜にも活用すれば、
風味豊かでコクのある調味料として活躍します。

これは、玉ねぎペーストを使った牛肉と大根のカレー（p.29）と、トマトペーストを使った夏野菜のカレー（p.57）。2種類のカレーを盛るピワン盛り（p.87）にする場合は、このようにベース違いのカレーでもおいしいです。途中からルーを混ぜて食べるのもおすすめ。

玉ねぎペースト

ROASTED ONION PASTE

トマトペースト

TOMATO PASTE

カレーをおいしくするスパイス

本場インドでは各家庭や店でそれぞれ異なったスパイスを合わせて独自の味を生み出します。
ピワンでもカレーに合わせて20種類ほどを混ぜて使っていますが、
辛みをかなり抑えているため、辛くしたいときはカイエンペッパーを加えて好みの味にしてください。
本書ではなるべく手に入りやすいスパイスを選んで
少しでも店の味に近づくようなレシピにしています。

基本になるスパイス

カレー作りになくてはならないスパイスです。風味やコクなど、カレーならではの味わいを醸し出しますが、作りたいカレーによって使い分けます。

＊クミン（シード＆パウダー）、コリアンダー（パウダー）、ターメリックパウダー、赤とうがらし、カイエンペッパー（ホール＆パウダー）など。

クミン
CUMIN

コリアンダー
CORIANDER

ターメリック
TURMERIC

レッドペッパー
RED PEPPER

さらにおいしくするスパイス

基本になるスパイスに足すと、コクと風味がさらにアップ。いろいろな国や店によってミックスするものが異なりますが、加えることで格段においしいカレーになります。

＊カレー粉、ガラムマサラ、五香粉《ウーシャンフェン》など。

カレー粉
CURRY
POWDER

ガラムマサラ
GARAM
MASALA

五香粉
FIVE-SPICE
POWDER

「あれば」使うスパイス

あまり聞きなれないスパイスですが、味に深みが出ます。絶対に必要ではないので、なくても大丈夫ですが、あるとほんの少し味わい深いカレーの味が楽しめます。

＊ヒング、フェネグリーク（シード）、カスリメティ（パウダー）など。

ヒング
HING

フェネグリーク
FENUGREEK

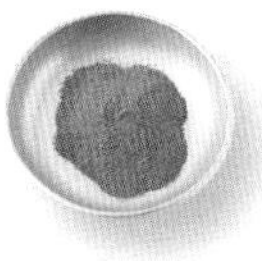

カスリメティ
Kasoori
methi

この本で使う調味料について

カレーで使う調味料は風味や塩分量などが味に影響を及ぼすので、この本で使ったものをご紹介します。

塩分が多いものを使う場合は、必ず味をみて量を調整してください。

カレー粉

店では20種類ほどのスパイスやハーブを調合し、ローストしたオリジナルのカレー粉を使用しています。家庭では入手困難なものやふだんの料理にはあまり使わないスパイスも多いので、市販のカレー粉で代用してください。

塩

店では海塩の「伯方の塩」を使用しているので、本書でも同じものを使用しています。

油・オリーブ油

油は酸化しにくい無味無臭のものを使ってください。おすすめはなたね油、米油、太白ごま油。どれを使っても大丈夫です。オリーブ油はいろいろな種類と価格のものがありますが、いためたり煮たりする場合は安価なものを、ドレッシングや仕上げで香りや味を楽しむために加える場合はやや高価で香り高いエクストラバージンオリーブ油がおすすめです。

バター

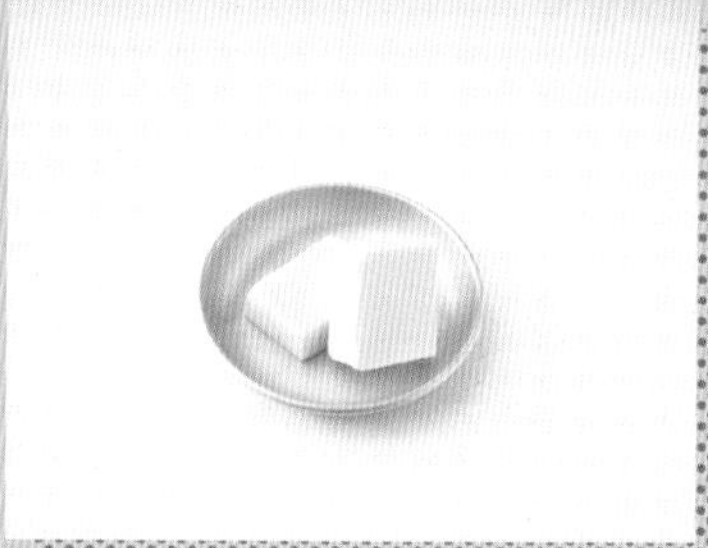

食塩不使用のものを使っています。有塩のものを使う場合は、レシピの塩の量をやや控えめにしてください。

チキンスープ

店では鶏ガラを煮込んでスープをとっていますが、手間と時間がかかる作業なので、本書では市販の顆粒鶏ガラスープのもとを表示どおりのぬるま湯でといて使っています。市販のもの（顆粒）は塩分が含まれているものが多いため、レシピは含まれていると想定した塩の量にしています。もし塩分が含まれていないものを使う場合は、各レシピの塩の分量を少し増やすなど、味をみて調整してください。

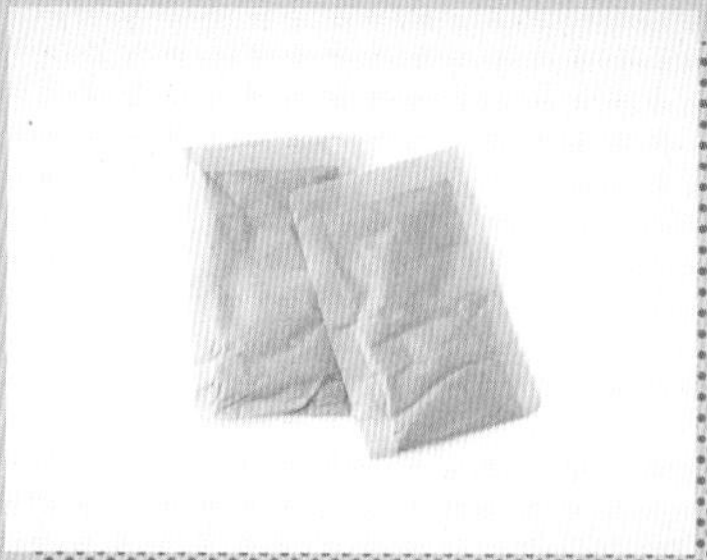

和風だし

だしは自分が作りやすい方法でとってください。本書では混合だしのだしパックを使用。鍋に水800mℓと混合だしパックを入れて中火にかけ、煮立ったら弱火にして7～8分煮出してだしパックを取り出したものです。ほかにかつお節や昆布を水に浸けた水だし、かつお節と昆布でとっただしなど、どれでもOK。ただし市販のもので塩分が含まれているものを使うときは、味をみてレシピの塩の量をやや控えめにしてください。

玉ねぎペーストのおカレー

玉ねぎをあめ色になるまでしっかりいためることで、
玉ねぎのうまみ、甘みが凝縮され、味に深みが出てきます。
カレーの土台になるものなので、これさえあれば鬼に金棒。
だれでもおいしいカレーに仕上げることができます。

玉ねぎペースト

いためるのに時間がかかりますが、一回作れば4回分（16皿分）のペーストができます。保存もできるのでていねいに作りましょう。

材料・4袋分（でき上がり約300g）

玉ねぎ……4個（約1kg）
油……120g
赤とうがらし……1本
シナモンスティック……1/2本
ローリエ……2枚
塩……小さじ1/2

1 玉ねぎは縦半分に切ってから繊維に垂直に1cm厚さに切り、向きを変えて薄切りにする。

2 フライパンに油、赤とうがらし、シナモンスティック、ローリエを入れ、香りが立ってくるまで弱火で5分ほど加熱する。

3 1と塩を加えて強火にし、木べらで2～3分に1回混ぜながらいためる。

4 玉ねぎ全体に油が回ったら、しんなりするまで2～3分に1回混ぜながらいためる。

SPICES MEMO

ローリエ

月桂樹、ローレル、ベイリーフとも呼ばれる。やさしい甘さと、さわやかな香りをもつ葉で、風味をアップしてくれる。

冷凍室で1か月保存可能。使用する際は、室温で自然解凍するか、袋ごとぬるま湯につけて解凍する。電子レンジを使用する場合は解凍モードで。通常の加熱モードにすると、油が高温になって袋が溶けてしまう可能性があるので要注意！

5 玉ねぎの端が色づいてきたら中火にして、木べらで鍋底をこすりながら2～3分に1回混ぜ、さらにいためる。

6 全体がきつね色になったら弱火にして2～3分に1回混ぜながらいためる。

7 濃い茶色（あめ色）になったら火から下ろして粗熱を取る。

8 赤とうがらし、シナモンスティック、ローリエを取り出して4等分（各約75g）し、それぞれ小さめの冷凍用保存袋に入れ、冷凍室で保存する。

骨つきチキンカレー

RECIPE p.14

ピワンの定番チキンカレーを
おうちでも味わってもらえるように工夫したレシピ。
できたてのスパイスが効いたおいしさも格別ですが、
一度急冷したものを再加熱すると、
味がまとまってうまみをより強く感じられます。

骨つきチキンカレー

SPICES MEMO

クミン
セリ科の植物とその種をパウダー状にしたもの。カレー作りのメインになる風味づけのスパイスのひとつ。

カスリメティ
マメ科の植物・フェネグリーク（p.61参照）の葉の部分を粉末にしたもの。だれもがイメージする"カレーの香り"を放つスパイス。

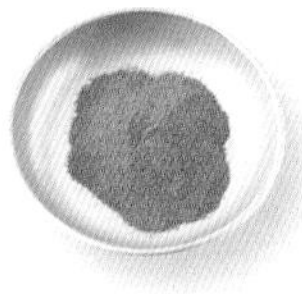

材料・4人分

骨つき鶏もも肉（ぶつ切り）…… 700g
＊カットしていない肉しかない場合は、店でカットしてもらう。手羽元を使ってもよいが、その場合はBに鶏ガラスープのもと小さじ1～2を加え、Bの塩を小さじ1にする。

A
- 塩 …… 小さじ1と1/2
- きび砂糖 …… 小さじ1
- カレー粉 …… 小さじ1

玉ねぎペースト（p.10）…… 1袋
油 …… 大さじ2
赤とうがらし …… 1本
ローリエ …… 1枚
にんにく（すりおろす）…… 小さじ1
しょうが（すりおろす）…… 小さじ1
トマトケチャップ …… 大さじ1

B
- 塩 …… 小さじ1と1/2
- ターメリックパウダー …… 小さじ1
- クミンパウダー …… 小さじ2
- コリアンダーパウダー …… 大さじ1
- カレー粉 …… 小さじ2
- パプリカパウダー …… 小さじ1
- カスリメティパウダー（あれば）…… 小さじ1

ぬるま湯（40～50℃）…… 1200㎖

ターメリックライス（p.86）…… 3合分

〔トッピング〕
フライドオニオン（市販）…… 適量
紫キャベツのマリネ（p.46）…… 適量

1 鶏肉にAをまぶしつける。
＊骨が出ている場合もあるので、手を切らないように注意して。

2 フライパンに玉ねぎペースト、油大さじ1、赤とうがらし、ローリエを入れ、木べらで混ぜながら弱火でいためる。

3 玉ねぎからいい香りがしてきたら、にんにくとしょうがを加え、3分ほどいためる。

4 トマトケチャップも加え、1分いためる。

5 B を加え、たえず木べらで混ぜながら粉っぽさがなくなるまで2～3分いためる。

6 ぬるま湯を加えて強火にし、煮立ったら弱火にしておく。

7 別のフライパンに油大さじ1をひき、1を並べて中火にかける。表面にこんがりと焼き色がついたらひっくり返し、もう片面も焼く。

8 6のフライパンに7を入れ、30分煮込んで器に盛る。別の器にターメリックライスを盛り、フライドオニオンをのせて紫キャベツのマリネを添える。

ハーブキーマカレー

RECIPE p.18

フレッシュなハーブの香りが広がる爽快感のあるカレー。
最後にハーブオイルをかけるのがポイント。
ルーと混ぜ合わせながら食べ進むと、
そのたびに味の変化を楽しめます。

チキンとマッシュルームのカレー

RECIPE p.19

手に入りやすい鶏もも肉とマッシュルームを使った作りやすいカレーです。
子どもから年配のかたまでどなたでも食べられるように、
辛さひかえめでやさしい味にしています。

ハーブキーマカレー

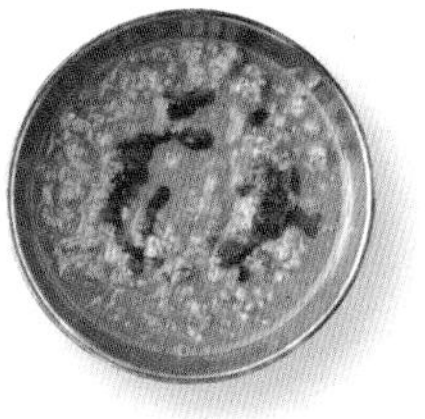

材料・4人分

A
- バジルの葉……5枝分（約10g）
- パセリの葉……5本分（約10g）
- アーモンドパウダー……20g
- ぬるま湯（40～50℃）……700mℓ
- ココナッツミルク……45mℓ

玉ねぎペースト（p.10）……1袋
赤とうがらし……1本
にんにく（すりおろす）……小さじ1
しょうが（すりおろす）……小さじ1
鶏ももひき肉……600g

B
- 塩……小さじ1
- ターメリックパウダー……小さじ1
- クミンパウダー……小さじ2
- コリアンダーパウダー……大さじ1
- カレー粉……小さじ1と1/2
- ナンプラー……大さじ1

C
- バジルの葉……5枝分（約10g）
- パセリの葉……5本分（約10g）
- オリーブ油……大さじ4
- 塩……小さじ1/8

ターメリックライス（p.86）……3合分

〔トッピング〕
カルダモンパウダー……少々
紫キャベツのマリネ（p.46）……適量

下準備

▷ A と C はそれぞれ深さのある容器に入れて、ハンディブレンダーで葉が細かくなるまで攪拌する。
▷ B は合わせる。

作り方

1 鍋に玉ねぎペーストと赤とうがらしを入れ、木べらで混ぜながら弱火でいためる。玉ねぎからいい香りがしてきたら、にんにく、しょうがを加え、3分ほどいためる。

2 B を加え、たえず木べらで混ぜながら、粉っぽさがなくなるまで2～3分いためる。

3 ひき肉を加えて中火にし、ほぐしながら肉の色が変わるまでいためる a。A を加えて強火にし、煮立ったら弱火にして5分ほど煮込む。

4 器の中央にターメリックライスを盛って紫キャベツのマリネをのせる。片側に 3 を盛って C のハーブオイルをかけ、カルダモンパウダーをふる。

＊p.16の写真はピワン盛り（p.87）にしている。

SPICES MEMO

コリアンダー
パクチーの種をパウダー状にしたもの。かんきつ類に似たさわやかな香りが特徴。クミンと同じく、カレー作りのメインになるスパイスのひとつ。入れることで少し濃度がつく。

チキンとマッシュルームのカレー

材料・4人分

鶏もも肉……600g

A
- 塩……小さじ1強
- きび砂糖……小さじ1
- カレー粉……大さじ1

マッシュルーム……100g

玉ねぎペースト（p.10）……1袋

油……大さじ1＋小さじ2

赤とうがらし……1本

にんにく（すりおろす）……小さじ1

しょうが（すりおろす）……小さじ1

B
- 塩……小さじ1
- ターメリックパウダー……小さじ1
- クミンパウダー……小さじ2
- コリアンダーパウダー……小さじ1
- カレー粉……大さじ1

ヨーグルト（プレーン）……100g

チキンスープ……1000㎖

下準備

▷AとBはそれぞれ合わせる。

▷鶏肉は約30gずつに切り分け、Aをまぶしつける。

▷マッシュルームは石づきを取ってくし形切りにする。

▷ヨーグルトは室温に戻し、泡立て器でなめらかになるまで混ぜる。こうしておくと分離せず、ダマにならない。

作り方

1 鍋に玉ねぎペースト、油大さじ1、赤とうがらしを入れ、木べらで混ぜながら弱火でいためる。玉ねぎからいい香りがしてきたら、にんにく、しょうがを加え、3分ほどいためる。

2 Bを加え、たえず木べらで混ぜながら粉っぽさがなくなるまで2～3分いためる。

3 ヨーグルトを加えて1分ほどいためて全体になじませ、チキンスープを加えて強火にする。煮立ったら弱火にする。

4 フライパンに油小さじ2をひき、鶏肉の皮目を下にして並べる。焼き色がつくまで中火で焼いてひっくり返し a、もう片面も焼き色がつくまで焼いて 3 に加える。

5 マッシュルームを 4 のフライパンに入れ、中火で2分ほどいためて 3 に加え、弱火で15分ほど煮込む。

6 「ハーブキーマカレー」を盛った器の反対側に盛る。

＊p.16の写真はピワン盛り（p.87）にしている。

SPICES MEMO

ターメリック

ウコンとも呼ばれ、日本ではたくあんの色づけにも使われる。しょうがに似た多年草の根茎部分。土っぽい香りと苦みが少々あり、調理では仕上げより始めのほうで使うことが多い。

エスニックドライカレー

イエローカレーペーストとガラムマサラを使って作る簡単カレーです。
煮込み時間がないので、忙しいときや時間がないときにおすすめ。
お弁当にもぴったりです。

材料・4人分

にんじん……80g
油……大さじ4＋小さじ2
玉ねぎペースト（p.10）……1袋
にんにく（すりおろす）……小さじ1
しょうが（すりおろす）……小さじ1
合いびき肉……500g
イエローカレーペースト……30g
ナンプラー……大さじ1と1/2
ココナッツミルク……45mℓ
ガラムマサラ……小さじ1/4

ジャスミンライス（p.86）……3合分
卵……4個

〔トッピング〕
スペアミント……適量
パクチー……適量

下準備

▷にんじんは5㎜角に切る。
▷フライパンに卵1個に対して油大さじ1を熱し、卵を割り入れて中火で焼く。表面に7割方火が通ったらひっくり返し a 、1分ほど焼いて両面目玉焼きを作る。同様にして残り3個も焼く。

作り方

1 フライパンに、にんじんと油小さじ2を入れ、弱火で10分いためる。玉ねぎペースト、にんにく、しょうがを加え、さらに5分ほどいためる。

2 合いびき肉を加えて中火にし、肉をほぐしながらいためる。肉の色が変わったらイエローカレーペーストを加え b 、肉全体になじむまでしっかりいためる。

3 ナンプラーとココナッツミルクを加え c 、全体に混ざるまで加熱する。最後にガラムマサラを加えて混ぜる。

4 器にジャスミンライスを盛り、3と両面目玉焼きをのせて、スペアミントとパクチーを添える。

a

b

c

SPICES MEMO

イエローカレーペースト
タイカレーの1種であるイエローカレーを作るときに使う。ターメリックを主とした数種類のスパイスやハーブ、にんにく、しょうがなどがブレンドされている。加えるだけで本格的なタイカレーの味が楽しめる。

ガラムマサラ
インドでメジャーなミックススパイス。同じミックススパイスのカレー粉に比べると、スパイスの種類は少ない印象。カレー粉に多く使われるターメリックは、ガラムマサラには使われないことが多い。仕上げにひとふりするとスパイスの香りがぐんとアップする。

豚バラとキャベツのカレー

昔ながらの日本のカレーをイメージして作りました。
豚肉の脂のうまみが味わいの一部になっています。
ウスターソースをかけて食べるのもおすすめです。

材料・4人分

玉ねぎペースト(p.10)……1袋
油……大さじ1
赤とうがらし……1本
にんにく(すりおろす)……小さじ1
しょうが(すりおろす)……小さじ1

A
- 塩……小さじ1/2
- ターメリックパウダー……小さじ1
- カレー粉……大さじ2

豚バラ肉(スライス)……250g
ぬるま湯(40～50℃)……500mℓ
キャベツ……1/4玉(約200g)

B
- みりん……大さじ1
- しょうゆ……大さじ2
- きび砂糖……大さじ1
- かつおぶし粉……小さじ1/2

ターメリックライス(p.86)……3合分

〔トッピング〕
しょうが(せん切り)……適量
スパイスラー油(p.47)……適量

下準備

▷AとBはそれぞれ合わせる。
▷豚肉は3cm幅に切る。
▷キャベツは葉の部分は3cm角、芯の部分は薄切りにする a 。

作り方

1 鍋に玉ねぎペースト、油、赤とうがらしを入れ、木べらで混ぜながら弱火でいためる。玉ねぎからいい香りがしてきたら、にんにく、しょうがを加え、3分ほどいためる。

2 Aを加え、たえず木べらで混ぜながら粉っぽさがなくなるまで2～3分いためる。

3 豚肉を加えて中火でいため、肉の色が変わったらぬるま湯を加えて強火にする。煮立ったら弱火にして15分煮込む。

4 キャベツとBを加えて10分煮込む。

5 器にターメリックライスとともに盛り、しょうがとスパイスラー油をトッピングする。

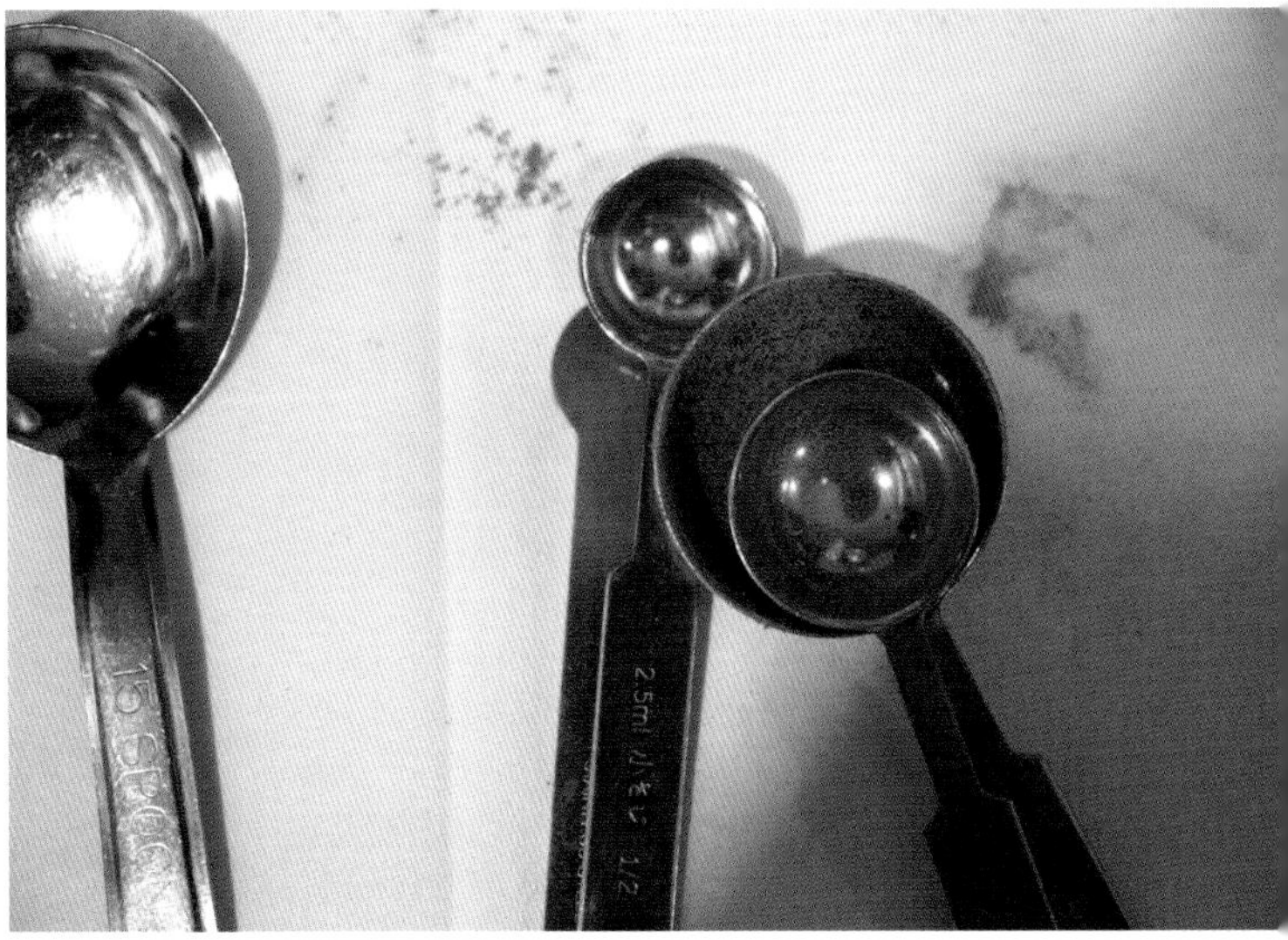

a

SPICES MEMO

赤とうがらし、カイエンペッパー
カイエンペッパーは赤とうがらしをパウダー状にしたもの。辛みのスパイスで、細かくすればするほど辛みが増す。

チリパウダー
メキシコ、北米、スペインなどで主に使われているミックススパイス。赤とうがらし、クミン、ガーリック、ハーブなどをブレンドしたもので、タコスにも使われている。カイエンペッパー(赤とうがらしの粉末)をチリパウダーと称している商品もある。ここではスパイスラー油に入っている。

焼きとうもろこしと枝豆のカレー（冷製）

食欲のない夏でも食べたくなる
カレーをイメージして作りました。
ゆでとうもろこしの甘さと、
焼きとうもろこしの香ばしさの
コントラストが楽しい。
冷たいのはもちろん、温めて食べても！

材料・4人分

玉ねぎペースト（p.10）…… 1袋
フェネグリークシード …… 大さじ1強
油 …… 大さじ4
赤とうがらし …… 1本
にんにく（すりおろす）…… 小さじ1

A
ターメリックパウダー …… 小さじ1
クミンパウダー …… 大さじ1
パプリカパウダー …… 小さじ1
こしょう …… 小さじ1/8
カレー粉 …… 小さじ2
カスリメティパウダー（あれば）
…… 小さじ1

チキンスープ …… 1000㎖
ナンプラー …… 40㎖
とうもろこしの実（3～4本分）
…… 400g（正味）

＊ 半分に切ったとうもろこしを1本ずつ立てて包丁で実をそぎ取る a。コーン缶（ホール）を使ってもよい。

フランスパン（トーストしたもの）…… 適量

〔トッピング〕
とうもろこし …… 1本
枝豆（20さやほど）…… 80g（正味）
スパイスふりかけ（p.47）…… 適量

下準備

▷ A は合わせる。
▷ トッピング用のとうもろこしは、ゆでたとうもろこしの表面を直火で軽く焼いてから包丁で実をそぎ取る。
▷ 枝豆はゆでて豆を取り出す。

作り方

1 フライパンに油とフェネグリークシードを入れて弱火にかける。シードが濃い茶色になったら火から下ろして粗熱を取る。茶こしでこしてシードを取り除く。

2 鍋に玉ねぎペースト、1 の油、赤とうがらしを入れ、木べらで混ぜながら弱火でいためる。玉ねぎからいい香りがしてきたら、にんにくを加え、3分ほどいためる。

3 A を加え、たえず木べらで混ぜながら粉っぽさがなくなるまで2～3分いためる。

4 チキンスープ、ナンプラー、とうもろこしの実を加え、煮立ったら弱火にして15分煮込み、赤とうがらしを取り出す。ハンディブレンダーでポタージュ状になるまで撹拌する b。

5 器に盛り、焼きとうもろこしと枝豆を散らし、スパイスふりかけをふる。フランスパンを添える。

a

b

SPICES MEMO

パプリカ

赤い色だが辛みのないスパイス。カレーに赤みを足したいときや、風味に少しコクを足したいときに使う。赤い色のオイルが浮いたカレーは食欲を誘う効果もある。

こしょう

ブラックペッパーとホワイトペッパーをブレンドしたもの。それぞれの特徴をうまく生かしているので、どんな料理にも合わせやすい。

うずらの卵入り ポークキーマカレー

ドライすぎないしっとりとした
ドライカレーなので、
ご飯によく絡んで食べやすいのが魅力です。
しょうゆが隠し味になって、
親しみやすい味を演出しています。

CURRY with ROASTED ONION PASTE

材料・4人分

玉ねぎペースト（p.10）……1袋
油……大さじ1
赤とうがらし……1本
ローリエ……1枚
クミンシード……小さじ1
にんにく（すりおろす）……小さじ1
しょうが（すりおろす）……小さじ1
A 塩……小さじ1弱
　カレー粉……大さじ2
豚ひき肉……500g
B にんじん……小2本（200g）
　ヨーグルト（プレーン）……150g
　ぬるま湯（40～50℃）……250mℓ
しょうゆ……小さじ4
きび砂糖……大さじ1
うずらの卵……12個

ターメリックライス（p.86）……3合分

〔トッピング〕
クレソン……適量
せん切りにんじんのサラダ（p.46）……適量

下準備

▷Aは合わせる。
▷Bのにんじんは乱切りにし、ヨーグルト、ぬるま湯とともにミキサーなどでジュース状にする。
▷うずらの卵は5分ほどゆで、冷水で冷やして殻をむく。

作り方

1 鍋に油、赤とうがらし、ローリエ、クミンシードを入れ、弱火で加熱する。クミンシードから小さな泡が出てきたら a 、玉ねぎペーストを加えて木べらで混ぜながらいためる。玉ねぎからいい香りがしてきたら、にんにく、しょうがを加え、3分ほどいためる。

2 Aを加え、たえず木べらで混ぜながら粉っぽさがなくなるまで2～3分いためる。

3 ひき肉を加えて中火にし、肉をほぐしながらいためる。肉の色が変わったらBを加えて一度煮立てる。

4 しょうゆ、きび砂糖、うずらの卵を加え、表面に油が浮いてくるまで b 10分ほど弱火で煮込む。

5 器にターメリックライスを盛り、クレソンとせん切りにんじんのサラダを添える。別の器に4を盛る。

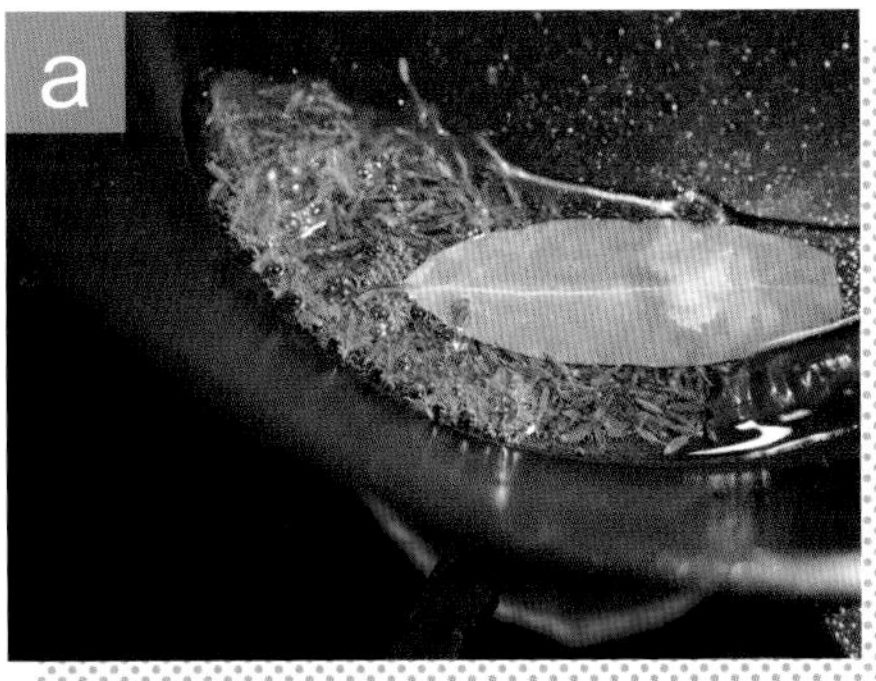
a

b

SPICES MEMO

カレー粉
カレー作りには欠かせないターメリック、クミン、コリアンダーなどのスパイスをミックスしたものでイギリス発祥。メーカーによってスパイスの種類、調合に違いがあり、その違いがカレー作りの楽しみにもなるので、比べてみるのも楽しい。ピワンでは20種類ほどのスパイスを調合・ローストしたオリジナルのカレー粉を作っている。

帆立入り、じゃがいものカレーポタージュ

RECIPE p.30

じゃがいものとろみと
帆立のうまみが合体した
やさしいポタージュのようなカレー。
夏場は冷やして冷製カレーにしても楽しめます。
パンと合わせてもおいしいですよ。

牛肉と大根のカレー

RECIPE p.31

牛肉をほろほろになるまで
やわらかく煮込んだ和風テイストのカレー。
肉とスパイスのうまみを
たっぷり含んだ大根も美味です。
スパイスラー油をトッピングしてもおいしい。

帆立入り、じゃがいものカレーポタージュ

材料・4人分

玉ねぎペースト（p.10）……1袋
油……大さじ1
赤とうがらし……1本
にんにく（すりおろす）……小さじ1
しょうが（すりおろす）……小さじ1
A
- 塩……小さじ1
- クミンパウダー……小さじ2
- コリアンダーパウダー……大さじ1
- カレー粉……大さじ1

じゃがいも……2個（300g）
ぬるま湯（40～50℃）……1000㎖
きび砂糖……小さじ1
ナンプラー……大さじ1
ベビー帆立……200g

ターメリックライス（p.86）……3合分

〔トッピング〕
ホワイトペッパーパウダー……少々
カルダモンパウダー……少々
パセリの葉（小さくちぎる）……適量
紫キャベツのマリネ（p.46）……適量

下準備

▷ A は合わせる。
▷ じゃがいもは皮をむき、半分に切ってから薄切りにし、水にさらす a。

作り方

1 鍋に玉ねぎペースト、油、赤とうがらしを入れ、木べらで混ぜながら弱火でいためる。玉ねぎからいい香りがしてきたら、にんにく、しょうがを加え、3分ほどいためる。

2 A を加え、たえず木べらで混ぜながら粉っぽさがなくなるまで2～3分いためる。

3 じゃがいもをざるに上げて水をきり、ぬるま湯とともに加える。煮立ったらきび砂糖、ナンプラーを加え、弱火にして15分煮る。

4 赤とうがらしを取り出してハンディブレンダーでポタージュ状になるまで攪拌し、ベビー帆立を加えて b 5分ほど煮る。

5 器の中央にターメリックライスを盛って紫キャベツのマリネをのせる。片側に 4 を盛ってホワイトペッパーパウダーとカルダモンパウダーをふり、パセリの葉を散らす。

＊ p.28の写真はピワン盛り（p.87）にしている。

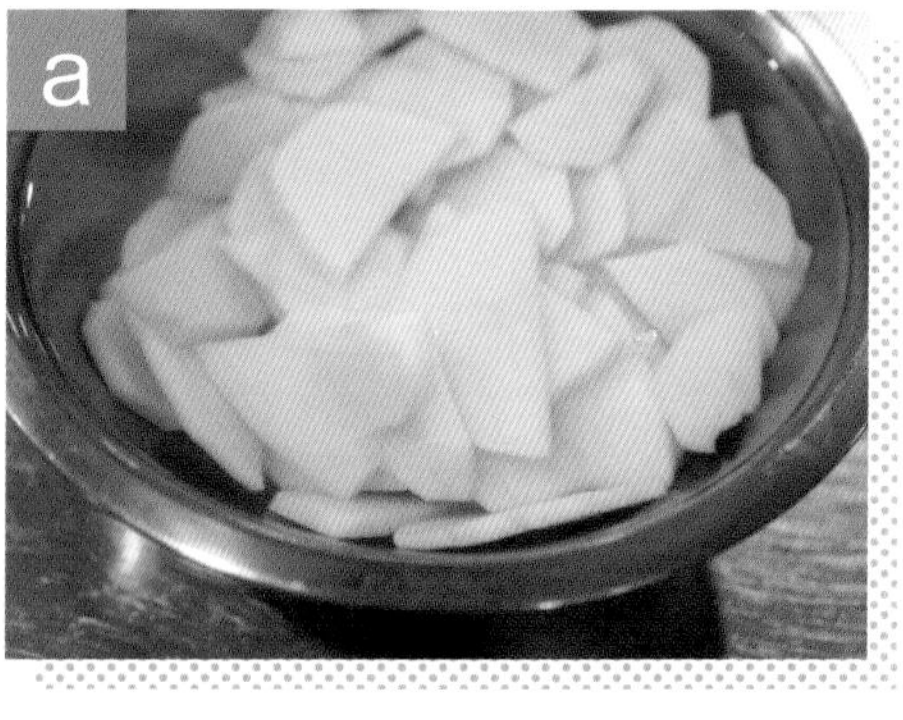
a

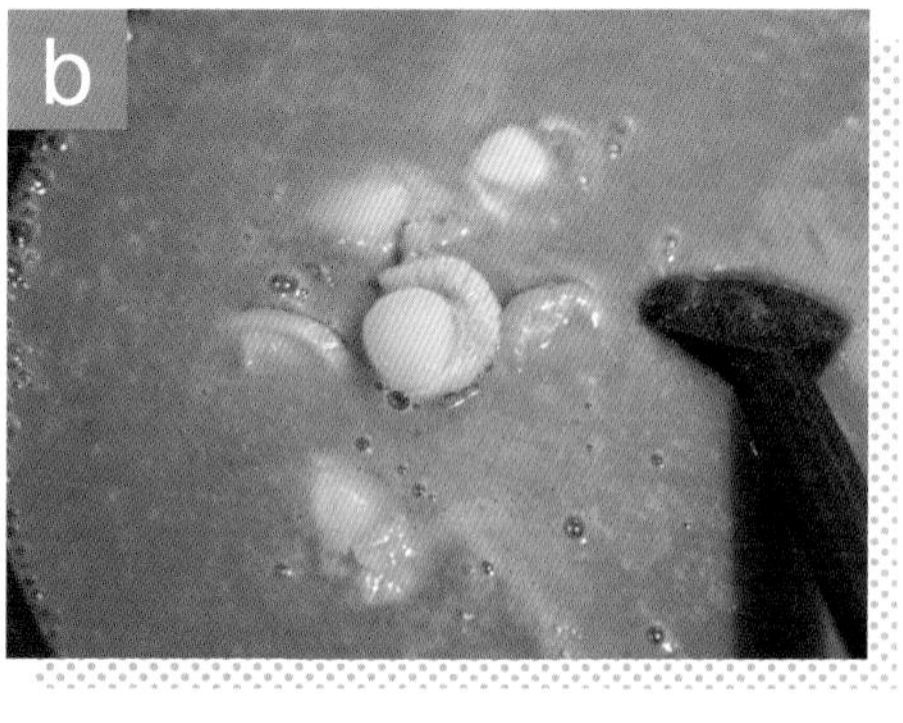
b

SPICES MEMO

カルダモン
さわやかな香りと、ほかのスパイスにはない独特の香りが特徴。緑色のさや状の外皮の中に入っている小さな種はお菓子によく使われるが、本書では粉状にしたものを使う。

牛肉と大根のカレー

材料・4人分

牛肉（煮込み用）…… 500g
＊ 部位はもも、バラ、すね、ミックスなど。精肉店によって異なる。ここではミックスを使用。

水 …… 1000mℓ
カレー粉 …… 小さじ1
玉ねぎペースト（p.10）…… 1袋
油 …… 大さじ1
赤とうがらし …… 1本
にんにく（すりおろす）…… 小さじ1
しょうが（すりおろす）…… 小さじ1

A
- 塩 …… 小さじ1
- ターメリックパウダー …… 小さじ1
- クミンパウダー …… 小さじ1/2
- コリアンダーパウダー …… 小さじ1/2
- カレー粉 …… 大さじ2

B
- 大根 …… 200g
- しょうゆ …… 大さじ3
- きび砂糖 …… 大さじ2
- かつおぶし粉 …… 小さじ1/2

〔トッピング〕
万能ねぎ（斜め切り）…… 適量
七味とうがらし（好みで）…… 少々

下準備

▷ A は合わせる。
▷ B の大根は皮をむいて1cm厚さのいちょう切りにし、鍋にたっぷりの水（分量外）とともに入れて、大根がやわらかくなるまで、20分ほど煮る。

作り方

1 鍋に牛肉と水を入れ、強火にかける。途中アクが出てきたら取り除く。煮立ったら弱火にし、カレー粉を加えて1時間30分～2時間、牛肉がやわらかくなるまで、煮込む。
＊ 煮込みが終わったとき、肉と煮汁を合わせた量が1000mℓになるようにする a。水分が足りないときは水を足す。この工程を圧力鍋で行うと時短に。その場合は圧力がかかってから20分ほど加熱する。

2 フライパンに玉ねぎペースト、油、赤とうがらしを入れ、木べらで混ぜながら弱火でいためる。玉ねぎからいい香りがしてきたら、にんにく、しょうがを加え、3分ほどいためる。

3 A を加え、たえず木べらで混ぜながら、粉っぽさがなくなるまで2～3分いためる。

4 1 の鍋に 3 と B を加えて10分ほど煮込む。

5 「帆立入り、じゃがいものカレーポタージュ」を盛った器の反対側に 4 を盛る。万能ねぎをのせて、好みで七味とうがらしを散らす。
＊ p.28の写真はピワン盛り（p.87）にしている。

SPICES MEMO

七味とうがらし
日本でおなじみのミックススパイスで、字のごとく7つの味がブレンドされたもの。ピリッとした辛みのとうがらしにみかんの皮を乾燥させた陳皮やのりの香りが漂うのが特徴。

a

黒胡麻担々キーマカレー

ピワンのレトルトカレーとしても販売している人気のカレー。
ごまのコクとさんしょうの辛みがアクセントになっています。
うどんにかけて、混ぜながら食べるのもおすすめです。

材料・4人分

玉ねぎペースト（p.10）……1袋
油……大さじ1
赤とうがらし……1本
クミンシード……小さじ1
にんにく（すりおろす）……小さじ1
しょうが（すりおろす）……小さじ1
A 塩……小さじ1
　カレー粉……大さじ2
豚ひき肉……400g
ぬるま湯（40～50℃）……500㎖
B 甜麺醤《テンメンジャン》……大さじ1
　黒ねりごま……大さじ1強
　黒すりごま……大さじ3
　しょうゆ……小さじ2
　ナンプラー……小さじ2
　きび砂糖……小さじ2
　みそ……小さじ2
　トマトケチャップ……大さじ1
　ココナッツミルク……20㎖
ターメリックライス（p.86）……3合分

〔トッピング〕
さつまいも……適量
黒ごま……少々
さんしょう粉……少々

下準備

▷ A と B はそれぞれ合わせる。
▷ トッピング用のさつまいもは鍋に入る大きさに切って、竹串がすっと入るくらいまでゆでる。取り出して冷まし、皮つきのまま縦4等分にして1cm厚さのいちょう切りにする a。

作り方

1 鍋に油、赤とうがらし、クミンシードを入れ、弱火で加熱する。クミンシードから小さな泡が出てきたら、玉ねぎペーストを加え、木べらで混ぜながらいためる。玉ねぎからいい香りがしてきたら、にんにく、しょうがを加え、3分ほどいためる。

2 A を加え、たえず木べらで混ぜながら、粉っぽさがなくなるまで2～3分いためる。

3 ひき肉を加えて中火にし、肉をほぐしながらいためる。肉の色が変わったらぬるま湯を加えて強火にし、煮立ったら B を加えて b 弱火にする。油が表面に浮いてくるまで10分ほど煮込む。

4 器にターメリックライスと 3 を盛り、さつまいもを散らして黒ごまとさんしょう粉をふる。

SPICES MEMO

さんしょう粉

日本のさんしょうと中国の花椒《ホワジャオ》がブレンドされたものを使用。さんしょうは辛みが少なくさわやかな風味。花椒はしびれるようなピリッとした辛みが特徴。2つをブレンドすることで、香りと辛みのバランスが調和されてカレーのアクセントになる。

かきとほうれん草のカレー

かきのうまみにほうれん草のコクをプラス。
そこにバターの香りと生クリームの
マイルドさを加えて濃厚味のルーに仕上げました。
海と畑の幸で深みのある味が口の中に広がります。

材料・4人分

かき（加熱用）…… 400g
白ワイン …… 100㎖
バター（食塩不使用）…… 30g
油 …… 大さじ1
赤とうがらし …… 1本
クミンシード …… 小さじ1
玉ねぎペースト（p.10）…… 1袋
にんにく（すりおろす）…… 小さじ1
しょうが（すりおろす）…… 小さじ1
A 塩 …… 小さじ1
ターメリックパウダー …… 小さじ1
カレー粉 …… 大さじ1
ほうれん草 …… 1束（約300g）
生クリーム（乳脂肪分35％）…… 50㎖

ターメリックライス（p.86）…… 3合分

〔トッピング〕
生クリーム（乳脂肪分35％）…… 少々

下準備

▷ A は合わせる。
▷ほうれん草はたっぷりの湯でゆで、冷水で冷やす。水気を絞ってざく切りにし、ハンディブレンダーなどで粗めに攪拌する a。

作り方

1 フライパンにかき、白ワイン、バターを入れて中火にかけ b、煮立ったら弱火にしてふたをし、3分ほど蒸し煮にする。
2 鍋に油、赤とうがらし、クミンシードを入れ、弱火で加熱する。クミンシードから小さな泡が出てきたら、玉ねぎペーストを加え、木べらで混ぜながらいためる。玉ねぎからいい香りがしてきたら、にんにく、しょうがを加え、3分ほどいためる。
3 A を加え、たえず木べらで混ぜながら、粉っぽさがなくなるまで2～3分いためる。
4 ほうれん草と 1、生クリームを加え、やさしく混ぜながら中火で加熱し、全体がフツフツと沸いてきたら火から下ろす。
5 器にターメリックライスと 4 を盛り、トッピング用の生クリームをかける。

a

b

鮭入り下仁田ねぎのカレーポタージュ

冬が旬の下仁田ねぎが出回るころに、ぜひ作ってほしいカレー。
ライスと合わせるなら、ターメリックライスか、
かために炊いた日本米がおすすめです。
ご飯にかけてチーズをのせ、
オーブントースターで焼いてドリアにしても。

材料・4人分

下仁田ねぎ……200g

＊熱を加えると独特の甘みが出る。ないときは普通の長ねぎでもよい。

バター（食塩不使用）……20g

ぬるま湯（40～50℃）……400㎖

生クリーム……200㎖

玉ねぎペースト（p.10）……1袋

にんにく（すりおろす）……小さじ1

A
- 塩……小さじ1
- ターメリックパウダー……小さじ1
- クミンパウダー……小さじ1/2
- カレー粉……大さじ1

塩ざけ（甘口）……250g

レモン（国産）……1/4個

下準備

▷下仁田ねぎは5㎜厚さの輪切りにする。

▷Aは合わせる。

▷さけは一口大に切る。

▷レモンは黄色い皮の部分を包丁でむき、むいた皮をせん切りにする。

作り方

1 フライパンに下仁田ねぎとバターを入れ、しんなりとするまで中火で5分ほどいためる a。ぬるま湯を加え、ハンディブレンダーなどでなめらかになるまで攪拌して生クリームを加える b。

2 鍋に玉ねぎペーストを入れ、木べらで混ぜながら弱火でいためる。玉ねぎからいい香りがしてきたら、にんにくを加え、3分ほどいためる。

3 Aを加え、たえず木べらで混ぜながら粉っぽさがなくなるまで2～3分いためる。

4 1を加えて強火にし、煮立ったら弱火にしてさけとレモンの皮を加え、10分ほど煮る。

5 器に盛る。

a

b

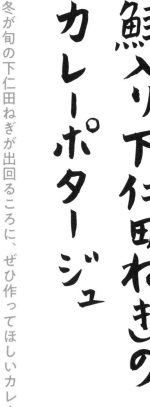

たらとカリフラワーのカレースープ

煮込んだカリフラワーから出てくる
うまみが命のシンプルなカレー。
たらを揚げ焼きにすることで
パリッとした食感の楽しさも味わえます。
スパイスラー油をかけても美味です。

材料・4人分

玉ねぎペースト（p.10）……1袋
油……大さじ1
赤とうがらし……1本
ローリエ……1枚
にんにく（すりおろす）……小さじ1
しょうが（すりおろす）……小さじ1

A
- 塩……小さじ1
- ターメリックパウダー……小さじ1
- クミンパウダー……大さじ1
- コリアンダーパウダー……小さじ1
- カレー粉……小さじ1

カリフラワー……1株（約300g）
ぬるま湯（40～50℃）……1000mℓ
ナンプラー……小さじ4
真たら（切り身）……4切れ（約400g）

B
- ナンプラー……小さじ2
- レモン汁……小さじ1
- にんにく（すりおろす）……小さじ1/8
- クミンシード……小さじ1

小麦粉……40g
揚げ油……適量

ターメリックライス（p.86）……3合分

〔トッピング〕
粗びき黒こしょう……少々
パプリカパウダー……少々
パクチー……適量

下準備

▷AとBはそれぞれ合わせる。
▷カリフラワーは小房に切り分ける。
▷真たらは一口大に切ってBとあえ、下味をつける a。

作り方

1 鍋に玉ねぎペースト、油、赤とうがらし、ローリエを入れ、木べらで混ぜながら弱火でいためる。玉ねぎからいい香りがしてきたら、にんにく、しょうがを加え、3分ほどいためる。

2 Aを加え、たえず木べらで混ぜながら、粉っぽさがなくなるまで2～3分いためる。

3 カリフラワー、ぬるま湯、ナンプラーを加えて強火にし、煮立ったら弱火にして20分ほど煮込む。

4 真たらに小麦粉をまぶし、180℃の揚げ油で3分ほど揚げる。

5 器に3を盛り、4をのせる。粗びき黒こしょうとパプリカパウダーをふり、パクチーを添える。別の器にターメリックライスを盛る。

カレー南蛮そば

ピワンの年末恒例メニュー、年越しカレーそばです。
和風だしとカレーが見事に調和した味のハーモニーを楽しんで。
かたくり粉でとろみをつけたりうどんにしたりと、
アレンジしてもいいでしょう。

材料・4人分

鶏胸肉……1枚(約300g)
長ねぎ……1本(約100g)
玉ねぎペースト(p.10)……2袋
油……大さじ1
赤とうがらし……1本
にんにく(すりおろす)……小さじ1
しょうが(すりおろす)……小さじ1
A クミンパウダー……小さじ1
　コリアンダーパウダー……小さじ1
　カレー粉……大さじ1と1/2
和風だし……1500㎖
しょうゆ……120㎖
みりん……120㎖
砂糖……大さじ1
そば(乾麺)……300g

〔トッピング〕
ゆずの皮……少々

下準備

▷そばは鍋にたっぷりの湯を沸かして、表示時間どおりにゆで、ざるに上げる。

作り方

1 鶏肉は皮を取り除いてそぎ切りにする。長ねぎは5㎝長さに切ってから縦半分に切る。

2 鍋に玉ねぎペースト、油、赤とうがらしを入れ、木べらで混ぜながら弱火でいためる。玉ねぎからいい香りがしてきたら、にんにく、しょうがを加え、3分ほどいためる。

3 合わせたAを加え、たえず木べらで混ぜながら粉っぽさがなくなるまで2～3分いためる。

4 和風だし、しょうゆ、みりん、砂糖を加えて強火にし、煮立ったら弱火にして1を加え、火が通るまで2分ほど煮る。

5 器にそばを盛り、4をかけてゆずの皮を添える。

玉ねぎペーストでふだんおかず

スパイシーつくね

材料・2人分

豚ひき肉……200g
ごぼう……50g
玉ねぎペースト（p.10）……1/2袋
塩……小さじ1/8
ガラムマサラ……小さじ1/2
にんにく（すりおろす）……少々
油……小さじ1/2
水……100mℓ
酒……小さじ2
きび砂糖……大さじ1
ナンプラー……大さじ1

作り方

1 ごぼうはささがきにし、水に放つ。5分ほど浸したらざるに上げ、水気をきる。ボウルにひき肉、ごぼう、玉ねぎペースト、塩、ガラムマサラ、にんにくを入れ、手でしっかりこねて4等分し、小判形にまとめる。

2 フライパンに油をひき、1を並べる。中火で熱し、焼き色がついたらひっくり返し、反対の面にも焼き色がつくまで焼く。分量の水を加え、ふたをして3分ほど蒸し焼きにする。

3 ふたをはずし、酒ときび砂糖を加える。砂糖が完全に溶けたら、ナンプラーを加え、少しとろみが出るまで煮詰める。

玉ねぎペーストの効果で味わい深いつくねに。
ナンプラーでエスニック風に仕上げます。

玉ねぎペーストは玉ねぎの甘みとうまみがぎゅっと詰まっているので、
カレーだけでなく料理もおいしくしてくれる魔法の調味料です。
幅広い料理に使って深みのある味を楽しみましょう。

野菜のグリル スパイス玉ねぎドレッシング

材料・2人分

芽キャベツ……100g
れんこん……100g
かぶ……1個
＊ほかに白菜やにんじんなど、好みの野菜2～3種でよい。

〔玉ねぎドレッシング・作りやすい分量〕
玉ねぎペースト（p.10）……1/2袋
しょうゆ……大さじ2
白ワインビネガー……大さじ2
オリーブ油……大さじ1
水……大さじ1
ターメリックパウダー……小さじ1/8
コリアンダーパウダー……小さじ1/4

作り方

1 野菜は食べやすい大きさに切り、油少々（分量外）をまとわせ、グリルパンやオーブントースター、オーブンなどで焼く。
2 ドレッシングの材料は、ハンディブレンダーなどで攪拌する。
3 1を器に盛り、2をかける。
＊ドレッシングは清潔な保存容器に移し、冷蔵室で2週間保存可能。

コクがあってスパイシーなドレッシング。
グリル野菜以外に、焼いた魚や、
お肉のソースとしても活用できます。

長いもと玉ねぎの春巻き

材料・2人分

長いも …… 100g（約6㎝）
春巻きの皮 …… 4枚
玉ねぎペースト（p.10）…… 1袋
ディジョンマスタード …… 小さじ2
A　水 …… 小さじ1
　　小麦粉 …… 小さじ1
揚げ油 …… 適量
酢、しょうゆ …… 各適量

作り方

1 長いもは5㎜厚さの拍子木切りにし、Aは混ぜて水溶きかたくり粉を作る。

2 春巻きの皮1枚を手前に角がくるように置き、手前1/3のスペースにディジョンマスタード小さじ1/2をぬる。長いも1/4量をのせ、その上に玉ねぎペースト1/4量をのせる。

3 春巻きの皮のふちに水溶きかたくり粉をぬり、手前から1回巻き、左右の両角を内側に折り込んで、最後まで巻く。同様に計4本作る。

4 180℃の揚げ油で3をこんがりと色づくまで揚げ、油をきる。器に盛り、酢としょうゆを合わせたたれをつけて食べる。

長いものシャキシャキ、玉ねぎのねっとり、
春巻きの皮のパリパリ、3つの食感を楽しんで。

玉ねぎとオリーブのピザ

材料・直径25㎝のピザ1枚分

〔ピザ生地〕
強力粉……125g
薄力粉……75g
塩……4g
砂糖……2g
インスタントドライイースト
……2g
ぬるま湯（40～50℃）……125㎖

打ち粉（強力粉）……適量
玉ねぎペースト（p.10）……1袋
ブラックオリーブ（瓶詰／種なし）
……10個
パルミジャーノ・レッジャーノ
……20g

作り方

1 ピザ生地を作る。ボウルに強力粉、薄力粉、塩、砂糖を入れ泡立て器で混ぜる。ぬるま湯にインスタントドライイーストをふり入れて溶かしたものを加え、粉っぽさがなくなるまで手でこねる。

2 台に出して、なめらかな生地になるまで5分ほどこね、表面の生地を張らせるようにして丸め、とじ目を下にして、ボウルに入れる。ラップをかぶせ、暖かい場所（25℃の部屋で60～90分）で生地が倍の大きさになるまで発酵させる。

3 発酵が終わったら、オーブンを250℃に予熱する。

4 生地を台に取り出し、めん棒で直径25㎝の円形になるようにのばす。生地が台にくっつく場合は、打ち粉をふってのばす。オーブンシートを敷いた天板にのせる。

5 生地全体に玉ねぎペーストをぬり、輪切りにしたブラックオリーブを散らす。パルミジャーノ・レッジャーノはすりおろして全体にふる。250℃のオーブンで5分焼く。

6 器に盛り、好みの大きさに切る。

＊ピザ生地は市販品でもOK。ピザ生地の代わりにぎょうざの皮を使ってトースターで焼くと、おつまみとして楽しめる。

玉ねぎペーストと
パルミジャーノのうまみが
互いに引き立つシンプルなピザ。おつまみにぜひ！

カレーに合う 副菜・調味料

紫キャベツのマリネ

材料と作り方・作りやすい分量

紫キャベツ1/4個（約300g）はせん切りにしてボウルに入れ、塩小さじ1弱を入れ、しんなりするまで手でもむ。出てきた水分を捨て、白ワインビネガー大さじ1、オリーブ油大さじ1を加えて混ぜる。
■密閉容器に入れて冷蔵室で1週間保存可能。

じゃがいものせん切りサラダ

材料と作り方・2人分

メークイン1個はせん切りにする。鍋にたっぷりの湯を沸かしてメークインを入れ、30秒ゆでてざるに上げて冷水で冷やす。しっかりと水気をきり、ナンプラー大さじ1/2、油小さじ1、酢小さじ1/4、にんにく（すりおろす）、こしょう、ディルの葉各少々を加えてあえる。
■密閉容器に入れて冷蔵室で2日間保存可能。

せん切りにんじんのサラダ

材料と作り方・2人分

にんじん1本（約130g）はスライサー（または包丁）でせん切りにしてボウルに入れ、ナンプラードレッシング（p.48参照）大さじ3、こぶみかんの葉のせん切り1枚分（あれば）を加えてあえる。
■密閉容器に入れて冷蔵室で2日間保存可能。

しょうがのつくだ煮

材料と作り方・2人分

しょうが150g（正味110g）は皮のかたい部分や汚れている部分を包丁でこそげ取ってからせん切りにする。鍋にたっぷりの湯を沸かしてしょうがを2～3分ゆでてざるに上げ、水気をきる。別の鍋にしょうゆ、みりん各小さじ5、きび砂糖大さじ1と1/2、水100㎖としょうがを入れ、ペーパータオルで落としぶたをして弱火で30分ほど煮込む。途中で水分が蒸発して焦げつきそうだったら、水少々を足す。

■密閉容器に入れて冷蔵室で1週間保存可能。

スパイス煮卵

材料と作り方・作りやすい分量

小鍋にしょうゆ大さじ2、オイスターソース小さじ2、きび砂糖大さじ3、五香粉小さじ1/2、水160㎖を入れて火にかけ、煮立ったら弱火にし、ゆで卵4個を加えて5分ほど煮る。そのまま粗熱を取り、6時間以上漬けると卵に味がしみ込む。

■密閉容器に入れて冷蔵室で3日間保存可能。

スパイスラー油

材料と作り方・作りやすい分量　でき上がり約120㎖

パプリカパウダー小さじ1、チリパウダー小さじ1、クミンパウダー小さじ1/2、コリアンダーパウダー小さじ2を合わせる（a）。白すりごま小さじ2、フライドガーリック10g、フライドオニオン5gを合わせる（b）。オイスターソース小さじ1、きび砂糖小さじ1、塩小さじ1を合わせる（c）。小鍋（またはフライパン）に油100㎖とクミンシード小さじ1を入れ、弱火で加熱する。クミンシードから小さな泡が出てきて、クミンシードの色が茶色く変わり始めたら火から下ろしてaを入れ、全体を混ぜる。aと油がなじんだらbとcを加えて混ぜ、粗熱を取る。

■密閉容器に入れて冷蔵室で1週間保存可能。

スパイスふりかけ

材料と作り方・作りやすい分量

ボウルにココナッツファイン100g、ローストアーモンド（ダイス）100g、塩10g、こしょう5g、カルダモンパウダー15g、クミンパウダー2g、シナモンパウダー2gを入れて混ぜ合わせる。

■密閉容器に入れて冷蔵室で2週間保存可能。

香味野菜のサラダ+ナンプラードレッシング

材料と作り方・2人分

ナンプラードレッシングを作る(作りやすい分量)。ナンプラー、スイートチリソース各大さじ3、酢大さじ5、油大さじ3、にんにく(すりおろす)少々を混ぜ合わせる。クレソン5本とパクチー2束は3㎝長さに切り、紫玉ねぎ1/4個は繊維に沿って薄切りにする。ボウルにクレソン、パクチー、紫玉ねぎを入れ、スプラウト30gを加えてさっと混ぜ、ドレッシング適量をかける。

■ドレッシングは密閉容器に入れて冷蔵室で2週間保存可能。

じゃがいものスパイスいため

材料と作り方・2人分

じゃがいも2個(260g)は皮をむいて1㎝角に切る。フライパンに油大さじ3とフェネグリークシード小さじ1を入れて弱火で熱し、フェネグリークシードが濃い茶色になったら火から下ろし、粗熱を取る。茶こしでフェネグリークシードをすくって取り除き、じゃがいも、クミンシードひとつまみ、塩小さじ1/4、にんにく(すりおろす)少々を入れて中火でいためる。じゃがいもに火が通ったら、ヒング(あれば)少々、ターメリックパウダー小さじ1/8を加え、さらに1分ほどいためる。

■当日中に食べる。

なすのナンプラー南蛮漬け

材料と作り方・作りやすい分量

なす4本は1㎝厚さの輪切りにして180℃の揚げ油で2分ほど揚げ、ペーパータオルにのせて油をきってからバットなどの平らな容器に移す。小鍋にナンプラー50㎖、スイートチリソース大さじ2、酢大さじ2、きび砂糖大さじ2、水大さじ2を入れて火にかける。煮立ったら火から下ろし、なすに回しかけて粗熱を取る。

■冷蔵室で冷やしてなすに味をしみ込ませて、当日中に食べる。

トマトペーストのおカレー

トマトペーストは玉ねぎペーストと同様、
カレーの土台となるペーストです。
手軽なトマト缶を使用しますが、しっかりといためることで酸味が飛んで、
深みのあるトマトペーストができ上がります。
料理に使えば簡単な手順で味が決まるので重宝します。

材料・4袋分（でき上がり約680g）

玉ねぎ……4個（約1kg）
塩……小さじ1
油……120g
赤とうがらし……1本
シナモンスティック……1/2本
ローリエ……2枚
トマト缶（ダイス）…… 2缶（800g）

トマトペースト

トマトを加えるまでの工程は玉ねぎペースト（p.10）と同じです。こちらも一回作れば4回分（16皿分）のペーストができ、保存もできます。

1 玉ねぎは縦半分に切ってから繊維に垂直に1cm厚さに切り、向きを変えて薄切りにする。

2 フライパンに油、赤とうがらし、シナモンスティック、ローリエを入れ、香りが立ってくるまで弱火で5分ほど加熱する。**1**と塩を加えて強火にしてさらにいため、玉ねぎ全体に油が回ったら、しんなりするまで木べらで2～3分に1回混ぜながらいためる。

3 玉ねぎの端が色づいてきたら中火にして、木べらで鍋底をこすりながら2～3分に1回混ぜ、さらにいためる。

4 全体がきつね色になったら中火にしてトマトを加える。

SPICES MEMO

シナモン（スティック）

だれでも知っているおなじみのスパイスで、甘い香りが特徴。カレー作りではスティック状のものを使うことが多い。じわじわとカレーに香りがにじみ出てくる。

冷凍室で1か月保存可能。使用する際は、室温で自然解凍するか、袋ごとぬるま湯につけて解凍する。電子レンジを使用する場合は解凍モードで。通常の加熱モードにすると、油が高温になって袋が溶けてしまう可能性があるので要注意！

5 トマトを木べらでつぶしながら玉ねぎと混ぜ、トマトの水分を飛ばす。木べらで2～3分に1回鍋底をこすりながらいためる。

6 表面に油がにじみ出てきたら弱火にする。

7 木べらで鍋底をこすったときに、ペーストが戻ってこなくなるまでしっかりいためる。

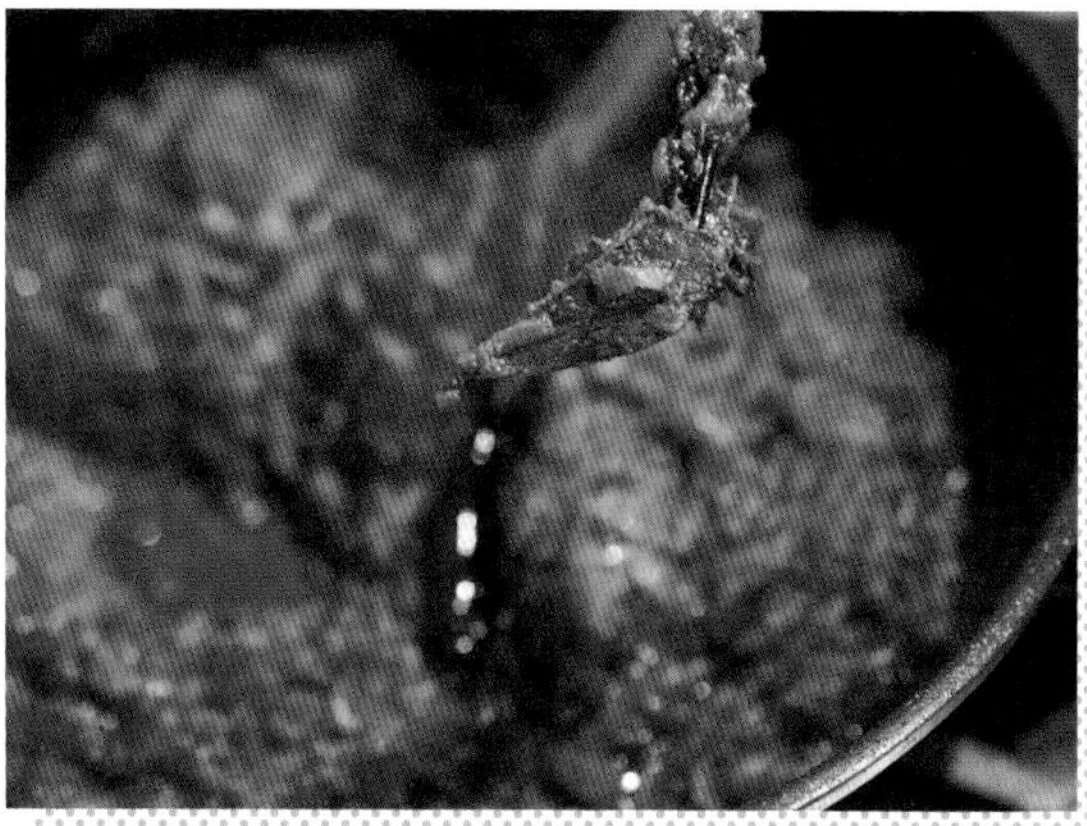

8 粗熱を取ってから、赤とうがらし、シナモンスティック、ローリエを取り出して4等分（1袋約170g）し、それぞれ冷凍用保存袋に入れ、冷凍室で保存する。

合いびき肉とグリーンピースのドライカレー

RECIPE p.54

合いびき肉を使ったふわっとして口当たりがやさしい軽いカレーです。
使うスパイスはカレー粉と五香粉だけ。
スパイス煮卵をくずして混ぜながら食べるのもおすすめです。

合いびき肉とグリーンピースのドライカレー

材料・4人分

トマトペースト（p.50）……1袋
油……大さじ1
赤とうがらし……1本
にんにく（すりおろす）……小さじ1
しょうが（すりおろす）……小さじ1
A 塩……小さじ2弱
　カレー粉……大さじ2
　五香粉……小さじ1
合いびき肉……500g
グリーンピース……60g（正味）
＊生のグリーンピースがある時期は下ゆでして使う。冬などシーズンではない時期は缶詰などで代用するか、好みのゆでた豆を使って。
ぬるま湯（40～50℃）……100mℓ

ライス（日本米）……3合分

〔トッピング〕
スパイス煮卵（p.47）……4個
粗びき赤とうがらし……少々
粗びき黒こしょう……少々

SPICES MEMO

五香粉
中国のミックススパイス。さんしょう、シナモン、スターアニス、フェンネル、陳皮、クローブなどから5種類のスパイスをミックス。ふだんの料理に加えると、まるで中国に行ったような気分を楽しめる。

1 鍋にトマトペースト、油、赤とうがらしを入れ、木べらで混ぜながら弱火でいためる。

2 トマトペーストからいい香りがしてきたら、にんにくとしょうがを加え、3分ほどいためる。

3 合わせたAを加える。

4 たえず木べらで混ぜながら、スパイスが全体になじむまで2～3分いためる。

5 合いびき肉を加えて中火にし、混ぜながらいためる。

6 肉をほぐしながら全体に火が通るまでいためる。

7 ぬるま湯とグリーンピースを加えてさらに5分ほどいためる。

8 水分が蒸発して油が出てきたらでき上がり。器にライスと盛り、半分に切ったスパイス煮卵をのせて粗びき赤とうがらしと黒こしょうをふる。

きのこのカレー

RECIPE p.58

3種のきのこがたっぷり入って歯ごたえが楽しい。
きのこはしっかりいためて風味をアップ。
パンやクラッカーにのせてカナッペにしてもおいしいですよ。

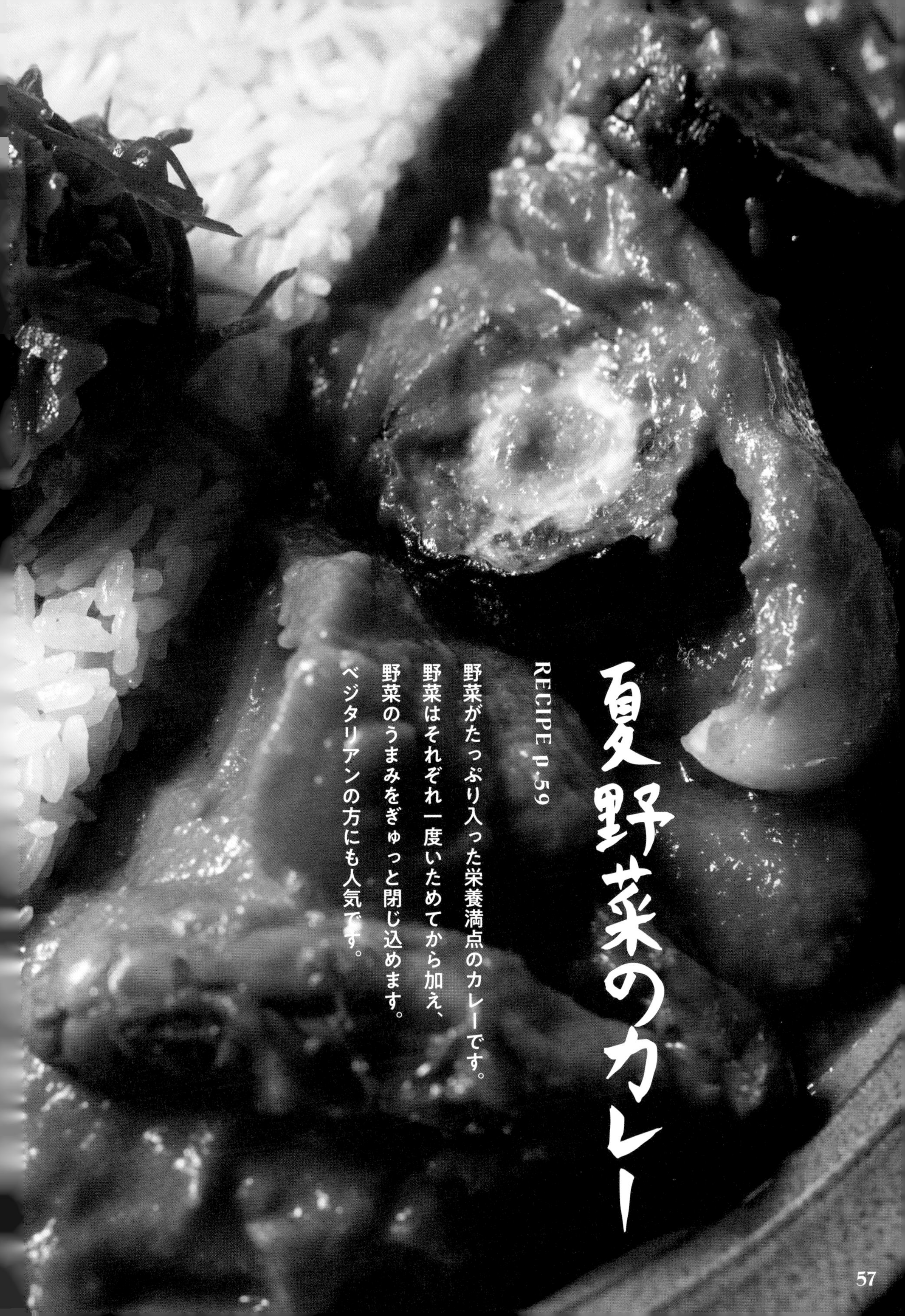

夏野菜のカレー

RECIPE p.59

野菜がたっぷり入った栄養満点のカレーです。
野菜はそれぞれ一度いためてから加え、
野菜のうまみをぎゅっと閉じ込めます。
ベジタリアンの方にも人気です。

きのこのカレー

材料・4人分

じゃがいも ……1個（150g）
水 ……1000㎖
トマトペースト（p.50）……1袋
にんにく（すりおろす）…… 小さじ1

A
- 塩 …… 小さじ1
- ターメリックパウダー …… 小さじ1
- クミンパウダー …… 小さじ2
- コリアンダーパウダー …… 大さじ1
- パプリカパウダー …… 小さじ1
- カレー粉 …… 小さじ1

まいたけ ……1パック（100g）
エリンギ ……1パック（100g）
マッシュルーム ……1パック（100g）
油 …… 小さじ2
クミンパウダー …… 小さじ1/4

ターメリックライス（p.86）…… 3合分

〔トッピング〕
紫キャベツのマリネ（p.46）…… 適量

下準備

▷ A は合わせる。
▷まいたけは手で食べやすい大きさに裂く。エリンギも繊維に沿って食べやすい太さに裂く。マッシュルームは石づきを取ってくし形切りにする。
▷じゃがいもは皮をむいて半分に切ってから薄い輪切りにする。

作り方

1 鍋にじゃがいもと分量の水を入れ、強火にかける。煮立ったら弱火にし、じゃがいもが煮くずれるまで a 15分ほど煮る。火を止めて、ハンディブレンダーなどで攪拌する。

2 別の鍋にトマトペーストを入れ、木べらで混ぜながら弱火でいためる。トマトペーストからいい香りがしてきたら、にんにくを加え、3分ほどいためる。

3 A を加え、たえず木べらで混ぜながら粉っぽさがなくなるまで2～3分いためる。

4 1 を流し入れ、強火にかける。煮立ったら弱火にし、10分ほど煮る。

5 煮ている間にフライパンに油を熱し、きのこを入れて焼き色がつくまで強火でいため、火を止めてクミンパウダーをふり入れる b 。さっと混ぜて 4 に加え、3分ほど煮る。

6 器の中央にターメリックライスを盛って紫キャベツのマリネをのせる。片側に 5 を盛る。

＊ p.56の写真はピワン盛り（p.87）にしている。

a

b

夏野菜のカレー

材料・4人分

トマトペースト（p.50）…… 2袋
油 …… 大さじ1
赤とうがらし …… 1本
クミンシード …… 小さじ1
にんにく（すりおろす）…… 小さじ1
しょうが（すりおろす）…… 小さじ1

A
- 塩 …… 小さじ1と1/2
- ターメリックパウダー …… 小さじ1
- コリアンダーパウダー …… 大さじ1

パクチー …… 2束
ぬるま湯（40～50℃）…… 500mℓ

B
- ズッキーニ …… 1本
- ヒング（あれば）…… 少々
- 油 …… 大さじ1

C
- なす …… 小3本
- ヒング（あれば）…… 少々
- 油 …… 大さじ2

D
- ししとうがらし …… 10本
- カラーピーマン（黄、オレンジ）…… 各1個
  ＊なければ普通の緑色のピーマンでもよい。
- ヒング（あれば）…… 少々
- 油 …… 小さじ1

下準備

▷ A は合わせる。
▷パクチーは上部の葉の多い部分を切り落とし、茎と根の部分をみじん切りにする。葉の部分はトッピングで使用する。
▷ズッキーニとなすは1cm厚さの輪切りにする。
▷ししとうがらしは竹串で数か所穴をあけ、カラーピーマンはそれぞれ縦半分に切ってへたと種を取り、繊維に沿って1cm幅に切る。

作り方

1 鍋に油、赤とうがらし、クミンシードを入れ、弱火で加熱する。クミンシードから小さな泡が出てきたらトマトペーストを加え、木べらで混ぜながらいためる。
2 トマトペーストからいい香りがしてきたら、にんにく、しょうがを加え、3分ほどいためる。
3 A を加え、たえず木べらで混ぜながら、粉っぽさがなくなるまで2～3分いためる。
4 パクチーの茎と根の部分を加えて1分ほどいため、ぬるま湯を加えて強火にする。煮立ったら弱火にし、5分ほど煮て赤とうがらしを取り出す。
5 ハンディブレンダーでペースト状になるまで攪拌する。
6 フライパンに B の油を入れて中火で熱し、ズッキーニとヒングを入れて表面にこんがりと焼き色がつくまで焼いて取り出す。
7 6のフライパンに、C の油を入れて中火で熱し、なすとヒングを入れ、表面にこんがりと焼き色がつくまで焼いて取り出す。
8 7のフライパンに D の油を入れて中火で熱し、ししとうがらしとカラーピーマン、ヒングを入れ、表面にこんがりと焼き色がつくまで焼いて取り出す。
9 5に6、7、8を加えて弱火で加熱し、全体を軽く混ぜてふたをし、5分ほど煮る。
10 「きのこのカレー」を盛った器の反対側に盛り、パクチーの葉を添える。
＊p.56の写真はピワン盛り（p.87）にしている。

SPICES MEMO

ヒング
びっくりするくらい強烈な香りのスパイス。油といっしょに加熱することで、香ばしくていい香りに変化する。

レンズ豆の[illegible]ー

皮のないレンズ豆を使って煮込み時[illegible]
時間がないときでも少ない材料でさ[illegible]れるので、
キャンプなどにも最適です。
赤ワインと相性がいいのでいっしょにどうぞ。
ライスと合わせるならターメリックライスがおすすめ。

CURRY with TOMATO PASTE

材料・4人分

フェネグリークシード……大さじ1強
油……大さじ4
トマトペースト（p.50）……1袋
にんにく（すりおろす）……小さじ1
A
- 塩……小さじ1
- ターメリックパウダー……小さじ1
- カレー粉……大さじ1

ベーコン……100g
赤レンズ豆（皮なし、乾燥）……100g
水……1300mℓ

ライ麦パン（スライス）……適量
とけるチーズ……適量

〔トッピング〕
パセリの葉（みじん切り）……適量

下準備

▷Aは合わせる。
▷鍋にさっと洗ったレンズ豆と分量の水を入れ、強火にかけるa。途中アクが出てきたら取り、煮立ったら弱火にして煮くずれるまで15分ほど煮るb。
▷ベーコンは5㎜角に切る。

作り方

1 フライパンに油とフェネグリークシードを入れて弱火にかけ、シードが濃い茶色になったら、火から下ろして粗熱を取り、茶こしでこしてシードを取り除く。

2 1のフライパンに1の油とトマトペーストを入れ、木べらで混ぜながら弱火でいためる。トマトペーストからいい香りがしてきたら、にんにくを加え、3分ほどいためる。

3 Aを加え、たえず木べらで混ぜながら粉っぽさがなくなるまで2～3分いためる。ベーコンを加えてさらに1分ほどいため、レンズ豆の鍋に加えて弱火で5分ほど煮る。

4 器に盛り、パセリの葉を散らす。ライ麦パンにとけるチーズをのせ、オーブントースターでこんがりと焼き色がつくまで焼いて添える。

SPICES MEMO

フェネグリーク
マメ科の植物の種。油といっしょに加熱することで、香ばしいスパイスオイルに。ピワンでは野菜のカレーや豆のカレーなど、肉や魚を使わないカレーの隠し味として使用している。

トマトとパプリカのカレーポタージュ

パプリカだけで作ったさらりとしたカレーポタージュ。具の入っていないシンプルなカレーなので、ソーセージを添えると食べ応えが出ます。ここではクスクスと合わせましたが、ライスならターメリックライスがおすすめです。

材料・4人分

パプリカ（赤）……3個
オリーブ油……大さじ1
トマトペースト（p.50）……1袋
にんにく（すりおろす）……小さじ1

A
- 塩……小さじ2
- ターメリックパウダー……小さじ2
- クミンパウダー……大さじ1
- コリアンダーパウダー……大さじ1
- パプリカパウダー……小さじ2

ぬるま湯（40～50℃）……1000mℓ

クスクス……300g
熱湯……300mℓ
オリーブ油（クスクス用）……大さじ2
粗びきソーセージ（好みで）……適量
油……少々

〔トッピング〕
粗びき黒こしょう……少々
エキストラバージンオリーブ油……少々

下準備

▷パプリカは縦半分に切ってへたと種を取り、繊維に沿ってせん切りにする。
▷A は合わせる。
▷クスクスはボウルに入れて熱湯を回し入れ、表面にラップをぴったりとかけて5分蒸らす。オリーブ油をかけて、スプーンで混ぜる。
▷粗びきソーセージは盛りつける直前に油をひいたフライパンに入れて中火にかけ、焼き色がつくまで転がしながら焼く。

作り方

1 鍋にオリーブ油とパプリカを入れ、しんなりするまで中火で5分ほどいためてバットに取り出す。

2 1 の鍋にトマトペーストを入れ、木べらで混ぜながら弱火でいためる。トマトペーストからいい香りがしてきたら、にんにくを加え、3分ほどいためる。

3 A を加え、たえず木べらで混ぜながら粉っぽさがなくなるまで2～3分いためる。

4 1 のパプリカを加えて a 混ぜ合わせ、ぬるま湯を加えて強火にかける。煮立ったら弱火にし、15分ほど煮る。ハンディブレンダーでペースト状になるまで攪拌する。

5 器に 4 を盛り、粗びき黒こしょうをふってオリーブ油を回しかける。別の器にクスクスを盛り、粗びきソーセージを添える。

SPICES MEMO

ホワイトペッパー＆
ブラックペッパー

だれでも知っているおなじみのスパイス。刺激的ながら、すっきりとした高級感のある香りが特徴。ホワイトペッパーのほうがおだやかな辛さと香りを放つ。

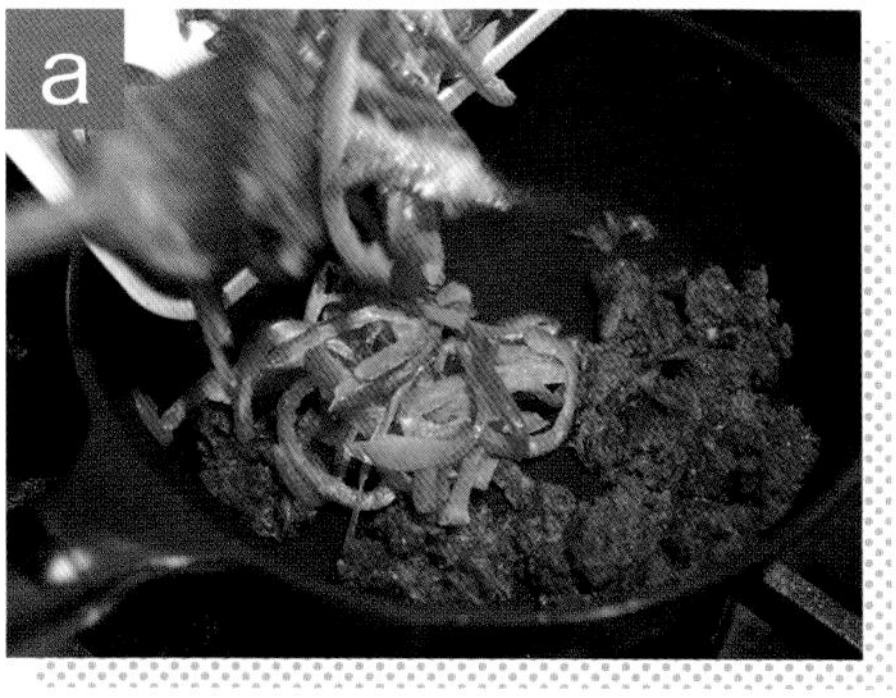

スパイスガスパチョ（冷製）

あさりから出るだしと野菜のうまみがぎゅっと詰まって奥深い味わいのカレーです。夏に人気の冷製ガスパチョは、ガーリックトーストとよく合います。ライスと合わせるならターメリックライスがおすすめです。

材料・4人分

あさり（砂出ししたもの）…… 300g
白ワイン …… 150mℓ
オリーブ油 …… 大さじ3
クミンシード …… 小さじ1
トマトペースト（p.50）…… 1袋
にんにく（すりおろす）…… 小さじ1
A
塩 …… 小さじ2
ターメリックパウダー …… 小さじ1
パプリカパウダー …… 小さじ2
カレー粉 …… 大さじ1
カラーピーマン（赤）…… 2個
きゅうり …… 2本
紫玉ねぎ（みじん切り）…… 20g

フォカッチャ …… 適量

〔トッピング〕
ディルの葉 …… 適量
カイエンペッパー（好みで）…… 少々

下準備

▷あさりの砂出しをする場合は、ボウルにあさりを入れ、水1000mℓに塩30gを溶かしたもの（海水と同じ3%の塩水）に浸してアルミホイルをふわっとかけ、1時間ほどおく。
▷A は合わせる。
▷カラーピーマンは縦半分に切ってへたと種を取り、みじん切りにする。
▷きゅうりはピーラーで皮をむいて縦4等分に切り、2mm厚さに切る a。

作り方

1 フライパンにあさりと白ワインを入れて強火にかける。煮立ったら中火にし、ふたをして口が開くまで2～3分加熱する。ざるを重ねたボウルに移し、スープとあさりを分ける b。

2 鍋にオリーブ油とクミンシードを入れ、弱火にかける。クミンシードから小さな泡が出てきたらトマトペーストを加え、木べらで混ぜながらいためる。トマトペーストからいい香りがしてきたらにんにくを加え、3分ほどいためる。

3 A を加え、たえず木べらで混ぜながら粉っぽさがなくなるまで2～3分いためる。

4 あさりのスープを加えて中火にかけ、煮立ったら火から下ろす。カラーピーマン、きゅうり、紫玉ねぎを加えて c 粗熱を取り、水（分量外）と合わせて1000mℓにする。

5 ハンディブレンダーでペースト状になるまで攪拌して冷蔵室で冷やす。

6 器に盛り、1 のあさりとディルの葉をのせ、好みでカイエンペッパーをふる。5cm角に切ったフォカッチャを添える。

カッテージチーズとひよこ豆のカレースープ

30分以内でできる時短カレーの決定版。
最後にカッテージチーズをのせることで、
トマトの酸味が和らぎ、コクも出ます。
ライスと合わせるなら、ターメリックライスがおすすめ。

材料・4人分

トマトペースト（p.50）……1袋
赤とうがらし……1本
にんにく（すりおろす）……小さじ1
A 塩……小さじ1
　クミンパウダー……小さじ2
　コリアンダーパウダー……大さじ1
　パプリカパウダー……大さじ1
　バター（食塩不使用）……大さじ1
チキンスープ……1000㎖
ひよこ豆（水煮缶）……200g

フランスパン（スライス）……適量

〔トッピング〕
カッテージチーズ……120g
ガラムマサラ……少々
エキストラバージンオリーブ油……少々

下準備

▷ A は合わせる。

作り方

1 鍋にトマトペーストと赤とうがらしを入れ、木べらで混ぜながら弱火でいためる。トマトペーストからいい香りがしてきたら、にんにくを加え、3分ほどいためる。

2 A を加え、たえず木べらで混ぜながら粉っぽさがなくなるまで2～3分いためる。

3 チキンスープとひよこ豆を加え a 、強火にかける。煮立ったら弱火にして3分ほど煮る。

4 器に盛り、カッテージチーズをちぎって散らし、ガラムマサラをふって、オリーブ油を回しかける。フランスパンを添える。

鶏ひき肉とかぼちゃのキーマカレー

ひき肉とかぼちゃの組み合わせなので
子どもでも食べやすいカレーです。
肉のうまみとかぼちゃの甘みの組み合わせが絶妙。
旬の野菜を素揚げして加えればバリエーションが広がります。

材料・4人分

トマトペースト（p.50）……1袋
油……大さじ1
赤とうがらし……1本
にんにく（すりおろす）……小さじ1
しょうが（すりおろす）……小さじ1
A
塩……小さじ1と1/2
ターメリックパウダー……小さじ1
クミンパウダー……小さじ2
コリアンダーパウダー……大さじ1と1/2
パプリカパウダー……小さじ1
カレー粉……大さじ1と1/2
鶏ももひき肉……500g
ぬるま湯（40～50℃）……700mℓ
ドライハーブミックス……大さじ2
かぼちゃ……250g
揚げ油……適量
〔トッピング〕
粗びき黒こしょう……少々

下準備

▷A は合わせる。
▷かぼちゃは5㎜厚さに切り、180℃の揚げ油で火が通るまで3分ほど素揚げして油をきる。

作り方

1 鍋に油、赤とうがらし、トマトペーストを加え、木べらで混ぜながら弱火でいためる。トマトペーストからいい香りがしてきたら、にんにく、しょうがを加え、3分ほどいためる。
2 A を加え、たえず木べらで混ぜながら粉っぽさがなくなるまで2～3分いためる。
3 ひき肉を加え、肉をほぐしながら中火でいためる。肉の色が変わったら、ぬるま湯とドライハーブミックスを加え a 、強火にする。煮立ったら弱火にし、表面に油が浮いてとろっとしてくるまで15分ほど煮てかぼちゃを加え、火から下ろす。
4 器に盛り、粗びき黒こしょうをふる。

SPICES MEMO

ドライハーブミックス

「イタリアンハーブミックス」「エルブ・ド・プロバンス」などの名称で販売されている。トマトと相性がいいので、トマトペーストをベースにしたカレーの香りづけに使うと風味豊かに仕上がる。

a

白身魚のカレー

白身魚に粉をまぶして焼くことで、
外はカリッ、中はフワッ。
これがルーやライスと相まって、
カレーのおいしさを後押しする
楽しい食感を生み出しています。

材料・4人分

トマトペースト（p.50）…… 1袋
オリーブ油 …… 大さじ1
赤とうがらし …… 1本
にんにく（すりおろす）…… 小さじ1
しょうが（すりおろす）…… 小さじ1
A
 塩 …… 小さじ1
 クミンパウダー …… 大さじ1
 コリアンダーパウダー …… 小さじ2
 パプリカパウダー …… 小さじ2
ぬるま湯（40～50℃）…… 400㎖
さわら（切り身）…… 4切れ（1切れ約80g）
＊たらやたいなど、白身魚ならなんでもいい。
塩 …… 小さじ1
カレー粉 …… 小さじ2
小麦粉 …… 大さじ2
バター（食塩不使用）…… 40g

ジャスミンライス（p.86）…… 3合分

〔トッピング〕
パクチー …… 適量
スペアミントの葉 …… 適量
ライム …… 1/2個

下準備

▷ A は合わせる。
▷ライムは4等分のくし形切りにする。

作り方

1 鍋にオリーブ油、赤とうがらし、トマトペーストを入れ、木べらで混ぜながら弱火でいためる。トマトペーストからいい香りがしてきたら、にんにく、しょうがを加え、3分ほどいためる。

2 A を加え、たえず木べらで混ぜながら粉っぽさがなくなるまで2～3分いためる。ぬるま湯を加えて強火にし、煮立ったら弱火にして表面に油が浮いてくるまで10分ほど煮る。

3 さわらの両面に塩をふり、10分ほどおく。出てきた水分をペーパータオルで取り a 、カレー粉を全体にまぶしつけてから小麦粉を茶こしで全体にふる。

4 フライパンにバターを入れて弱火にかけ、バターがとけたら 3 を並べ（皮があれば皮目を下にして）入れる。7割方火が通るまで焼いたらひっくり返し b 、全体に火が通るまで焼く。

5 器にジャスミンライスと 4 を盛り、2 をかける。パクチーとスペアミントの葉、ライムを添え、ライムを搾って食べる。

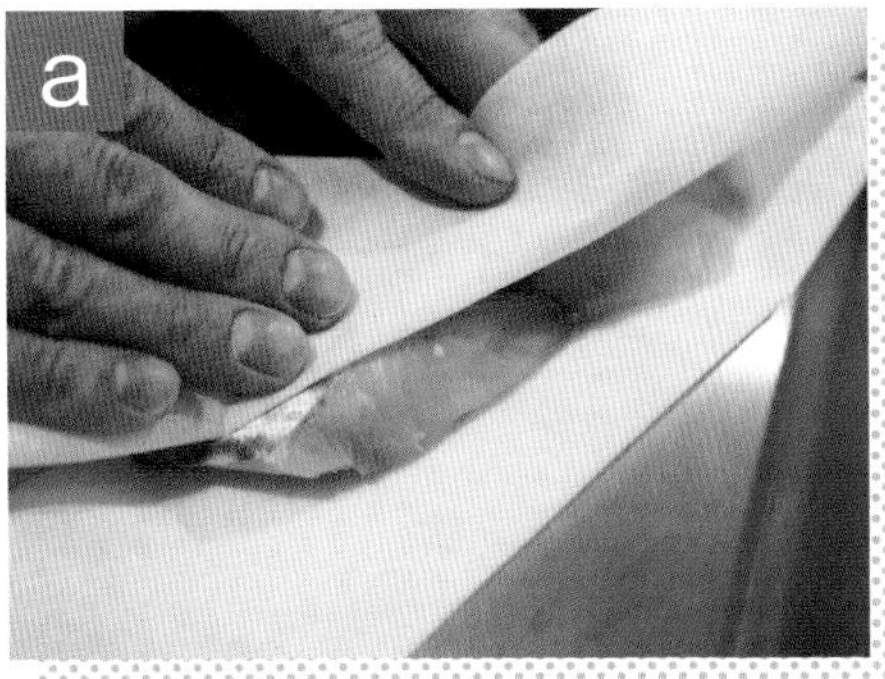
a

b

ポークカレー

RECIPE p.74

口に入れるとくずれるほど
じっくり煮込んだ豚肉がおいしさの底力に。
しっかりと肉のうまみが溶け出したルーに、
ココナッツミルクを加えてまろやか味に仕上げます。

ど海老カレー

RECIPE p.75

黒胡麻担々キーマカレーと同じく、
ピワンのレトルトカレーでお店でも人気のカレーです。
えびの頭を煮込んでからこしたスープはうまみも風味も抜群。
ちょっとだけ手間をかけて作りましょう。

ポークカレー

材料・4人分

にんじん……1本（130g）
ココナッツミルク……100mℓ
しょうゆ……大さじ1
トマトペースト（p.50）……1袋
赤とうがらし……1本
にんにく（すりおろす）……小さじ1
しょうが（すりおろす）……小さじ1
A 塩……小さじ1
　カレー粉……大さじ2
豚バラ肉（ブロック）……400g
水……1200mℓ
カレー粉……小さじ1

ターメリックライス（p.86）……3合分

〔トッピング〕
紫キャベツのマリネ（p.46）……適量

下準備

▷Aは合わせる。
▷豚肉は1cm厚さに切る。鍋に分量の水とともに入れ a 、強火にかける。途中アクが出てきたら取り除く。煮立ったら弱火にし、カレー粉を加えて b ふたをする。豚肉がやわらかくなるまで、1時間～1時間30分煮込む。
＊煮込み終わったとき、肉と煮汁を合わせて1000mℓになるようにする。水分が足りない場合は水を足す。この工程を圧力鍋にすると時短に。圧力がかかってから、20分加熱する。
▷にんじんは皮をむいて縦半分に切ってから薄切りにする。

作り方

1 ボウルににんじん、ココナッツミルク、豚肉の煮汁（適量）を入れ、ハンディブレンダーで攪拌する。

2 フライパンに赤とうがらしとトマトペーストを入れ、木べらで混ぜながら弱火でいためる。トマトペーストからいい香りがしてきたら、にんにく、しょうがを加え、3分ほどいためる。

3 Aを加え、たえず木べらで混ぜながら、粉っぽさがなくなるまで2～3分いためる。

4 豚肉の鍋に3、1、しょうゆを加えて強火にかける。煮立ったら弱火にし、表面に油が浮いてくるまで10分ほど煮る。

5 器の中央にターメリックライスを盛って紫キャベツのマリネをのせる。片側に4を盛る。
＊p.72の写真はピワン盛り（p.87）にしている。

a

b

ど海老カレー

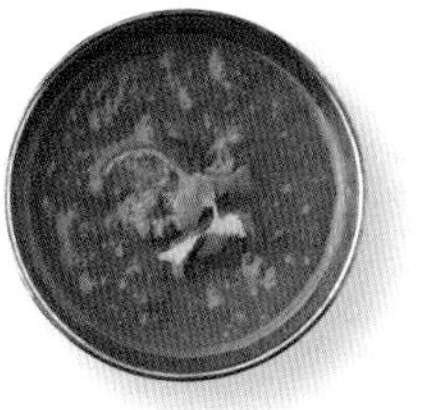

材料・4人分

トマトペースト(p.50)……1袋
油……大さじ1＋小さじ2
赤とうがらし……1本
ローリエ……1枚
にんにく(すりおろす)……小さじ1
しょうが(すりおろす)……小さじ1

A
- 塩……小さじ1
- ターメリックパウダー……小さじ1/2
- クミンパウダー……小さじ2
- コリアンダーパウダー……大さじ1
- パプリカパウダー……小さじ1/2
- カレー粉……小さじ2

有頭えび(ブラックタイガー)……700g(約20尾)
水……1000mℓ
ココナッツミルク……200mℓ
ナンプラー……大さじ2
きび砂糖……小さじ1

B
- 塩……小さじ1/4
- ターメリックパウダー……小さじ1/2
- にんにく(すりおろす)……小さじ1/2
- しょうが(すりおろす)……小さじ1/2
- パプリカパウダー……小さじ1/2

〔トッピング〕
パクチーの葉……適量

下準備

▷AとBはそれぞれ合わせる。
▷えびは尾を残して頭と殻を取り除き、頭は残して殻は捨てる。背に浅く切り込みを入れ、背わたを指で取り除くa。鍋に頭を入れ、中火でからいりするb。えびの香ばしい香りがしてきたら分量の水を加え、強火にかける。煮立ったら弱火にしてふたをし、20分ほど煮る。これをハンディブレンダーで細かくなるまで攪拌してざるでこす。
＊でき上がりのスープの量が800mℓになるようにするc。多い場合は煮込んで水分を飛ばし、足りない場合は水を足す。

作り方

1 鍋に油大さじ1、赤とうがらし、ローリエを入れ弱火で加熱し、小さな泡が出てきたらトマトペーストを加え、木べらで混ぜながらいためる。

2 トマトペーストからいい香りがしてきたら、にんにく、しょうがを加え、3分ほどいためる。

3 Aを加え、たえず木べらで混ぜながら粉っぽさがなくなるまで2～3分いためる。

4 えびのスープとココナッツミルク、ナンプラー、きび砂糖を加え、強火にかける。煮立ったら弱火にし、表面に油が浮いてくるまで5分ほど煮る。

5 えびにBを加えて混ぜ合わせ、下味をつける。フライパンに油小さじ2を入れ、中火でいためる。えびに火が通ったら、4に加え、火から下ろす。

6 「ポークカレー」を盛った器の反対側に5を盛り、パクチーの葉を散らす。
＊p.72の写真はピワン盛り(p.87)にしている。

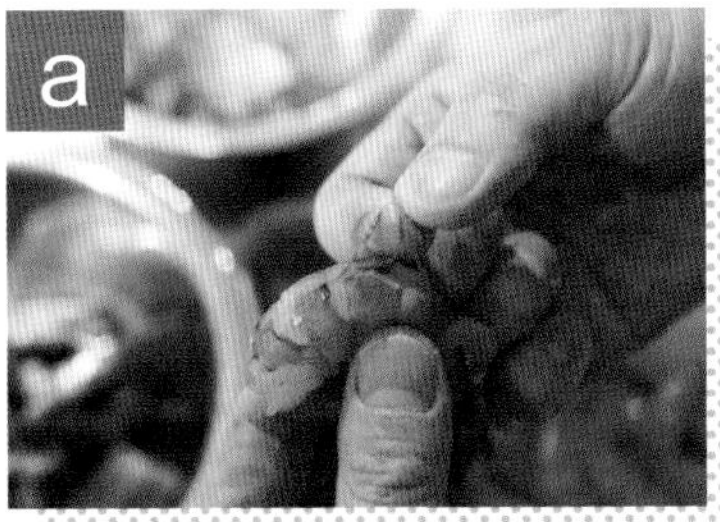
a

b

c

かつおのたたきカレー（冷製）

かつおの旬である夏限定の特別な冷製カレー。
かつおは独特の香りがある魚ですが、
ここにトマトベースのルーと
スパイスラー油を組み合わせることで、
うまみとパンチが加わって力強いカレーになります。

材料・4人分

トマトペースト（p.50）……2袋
にんにく（すりおろす）……小さじ1
しょうが（すりおろす）……小さじ1

A
- 塩……小さじ1
- ターメリックパウダー……小さじ1
- クミンパウダー……小さじ1
- コリアンダーパウダー……大さじ1
- パプリカパウダー……小さじ1
- こしょう……小さじ1/8

和風だし……1000㎖
ナンプラー……大さじ1
かつおのたたき……1さく（約200g）

B
- ポン酢しょうゆ……50㎖
- カレー粉……小さじ1
- にんにく（すりおろす）……小さじ1/8
- しょうが（すりおろす）……小さじ1/8

ターメリックライス（p.86）……3合分

〔トッピング〕
紫玉ねぎ……1/4個
紫キャベツのマリネ（p.46）……適量
スパイスラー油（p.47）……適量
パクチー……適量

下準備

▷AとBはそれぞれ合わせる。
▷ポリ袋にかつおのたたきとBを入れ a 、冷蔵室で1時間以上マリネする。一晩マリネすると調味液がよくしみ込む。
▷紫玉ねぎは繊維に沿って薄切りにする。

a

作り方

1. 鍋にトマトペーストを入れ、木べらで混ぜながら弱火でいためる。トマトペーストからいい香りがしてきたら、にんにく、しょうがを加え、3分ほどいためる。
2. Aを加え、たえず木べらで混ぜながら粉っぽさがなくなるまで2～3分いためる。
3. 和風だしとナンプラーを加え、強火にする。煮立ったら弱火にし、表面に油が浮いてくるまで10分ほど煮る。火から下ろし、ハンディブレンダーなどで攪拌し、粗熱を取って冷蔵室で冷やす。
4. ポリ袋からかつおのたたきを取り出し、薄いそぎ切りにする。
5. 器の真ん中にターメリックライスを盛り、紫玉ねぎと紫キャベツのマリネをのせて、その上にかつおのたたきを並べ、パクチーを添える。ライスのまわりに3を流し入れ、スパイスラー油を散らしかける。

さんまのカレー

ピワンの秋の人気名物メニューです。
さんまはオイル煮にすることで骨まで食べられカルシウム満点。
最後にかける肝ソースが隠し味。
アクセントになって和テイストの味に仕上がります。

材料・4人分

さんま……4尾
塩……小さじ2
カレー粉……小さじ2
オリーブ油……適量
赤ワイン……150㎖
きび砂糖……20g
しょうゆ……大さじ1
トマトペースト(p.50)……1袋
にんにく(すりおろす)……小さじ1
しょうが(すりおろす)……小さじ1
A 塩……小さじ1
ターメリックパウダー……小さじ1
クミンパウダー……小さじ1
コリアンダーパウダー……大さじ1
パプリカパウダー……小さじ1
和風だし……1000㎖
ナンプラー……大さじ1
じゃがいも……1/2個(75g)

ターメリックライス(p.86)……3合分

〔トッピング〕
紫キャベツのマリネ(p.46)……適量
じゃがいものせん切りサラダ(p.46)
……適量
ディルの葉……適量

下準備

▷Aは合わせる。
▷オーブンは130℃に予熱する。
▷じゃがいもは皮をむいて薄切りにする。

作り方

1 さんまは頭を切り落とし、内臓を取り出す。水で血を洗い落とし、ペーパータオルで水気を取る。頭と内臓は肝ソースに使うのでとりおく。

2 〈さんまのオイル煮を作る〉さんまの表面に塩をふって10分ほどおき、出てきた水分をペーパータオルで取る。バットに並べて表面にカレー粉をふり、さんまがひたひたに浸かるくらいまでオリーブ油を注ぎ入れる a。

3 130℃のオーブンで3時間加熱し、取り出して粗熱を取る。

4 〈肝ソースを作る〉小鍋に1でとりおいたさんまの頭と内臓、赤ワインを入れ、木べらでつぶしながら中火にかける b。煮立ったら弱火にし、1/4量になるまで煮詰める。

5 ざるでこし、ソースを再び4の小鍋に戻し入れ、きび砂糖としょうゆを加えて弱火で2分ほど煮る。

6 鍋にトマトペーストを入れ、木べらで混ぜながら弱火でいためる。トマトペーストからいい香りがしてきたら、にんにく、しょうがを加え、3分ほどいためる。

7 Aを加え、たえず木べらで混ぜながら粉っぽさがなくなるまで2～3分いためる。和風だし、ナンプラー、じゃがいもを加えて強火にかけ、煮立ったら弱火にし、表面に油が浮いてくるまで10分ほど煮る。火から下ろし、ハンディブレンダーなどで攪拌する。

8 器の真ん中にターメリックライスを盛り、紫キャベツのマリネとじゃがいものせん切りサラダ、半分の長さに切ったさんまのオイル煮をのせて、ディルの葉を添える。ライスのまわりに7を流し入れ、5の肝ソースを回しかける。

いかのカレー

いか好きにはたまらない人気メニュー。
するめいかのわたは味がよく、
ビターな味に仕上がるのでおすすめです。
わたの味が苦手な場合は、
わた抜きで作ってもいいですよ。
ライスと合わせるなら、
ターメリックライスか日本米がおすすめです。

材料・4人分

トマトペースト（p.50）……1袋
油……大さじ1
A
赤とうがらし……1本
クミンシード……小さじ1
シナモンスティック……1/2本
クローブ……3粒
にんにく（すりおろす）……小さじ1
しょうが（すりおろす）……小さじ1
B
塩……小さじ2
ターメリックパウダー……小さじ1
クミンパウダー……小さじ2
コリアンダーパウダー……大さじ1
カイエンペッパー……小さじ1/4
するめいか……1ぱい
白ワイン……大さじ2
ぬるま湯（40～50℃）……1000㎖
いかすみペースト（市販）……8g
ナンプラー……大さじ1
バター（食塩不使用）……20g

ターメリックライス（p.86）……3合分

〔トッピング〕
ミニトマト……適量

SPICES MEMO

クローブ
重く深い甘みのある香りのスパイス。香りが強いので、入れすぎに注意して使うことが大切。

下準備

▷AとBはそれぞれ合わせる。
▷いかは胴からわたを抜き取り、わたはぶつ切りにする。胴は中にある軟骨を抜き取り、中を流水で洗ってペーパータオルで水気を拭き、5㎜幅の輪切りにする。足の部分は、目玉とくちばしを取り除き、指でしごくようにこすって吸盤を取り除いて3㎝長さに切る a。

＊いかの下処理は魚屋さんやスーパーの鮮魚コーナーなどでやってくれるので頼むと便利。

作り方

1 鍋に油とAを入れ、弱火で加熱する。クミンシードから小さな泡が出てきたらトマトペーストを加え、木べらで混ぜながらいためる。トマトペーストからいい香りがしてきたら、にんにく、しょうがを加え、3分ほどいためる。

2 Bを加え、たえず木べらで混ぜながら粉っぽさがなくなるまで2～3分いためる。

3 いかのわたを加え、トマトペーストとなじむまで木べらでつぶしながら弱火でいためて白ワインを加え、アルコールを飛ばす。

4 ぬるま湯、いかすみペースト、ナンプラーを加えて強火にかけ、煮立ったら弱火にし、表面に油が浮いてくるまで10分ほど煮る。

5 フライパンにバターを入れ、弱火で加熱する。バターがとけたら、いかの胴と足を加えて強火で火が通るまでいため b、4に加えて混ぜ、火から下ろす。

6 コンロに網をのせ、ミニトマトを表面に軽く焦げ目がつく程度に焼く。器にターメリックライスと5を盛り、ミニトマトをのせる。

トマトペーストで ふだんおかず

おでん

材料・2人分

じゃがいも……1個
油揚げ……1枚
切り餅……1個
トマトペースト(p.50)……1/2袋
和風だし……400㎖
塩……小さじ1/2
きび砂糖……小さじ1
赤とうがらし……1本
ゆで卵……2個

作り方

1 じゃがいもは皮をむき、半分に切る。油揚げは半分に切り、切り目の部分からやさしく開いて袋状にする。切り餅を半分に切ってそれぞれ入れ、口の部分をつまようじでとめる。

2 鍋にトマトペースト、和風だし、塩、きび砂糖、赤とうがらし、じゃがいもを入れ、ペーパータオルなどで落としぶたをしてじゃがいもに火が通るまで20分ほど弱火で煮る。

3 1の餅入り巾着とゆで卵を加え、さらに10分ほど煮る。

トマトと和風だしが意外にマッチ。
煮汁がどろっとするまで煮込むとうまみが凝縮されて、
より味わい深いおでんになります。

トマトと玉ねぎの酸味とうまみ、甘み、風味が一体となった
トマトペーストは調味料としても活躍します。
煮物やソース、パスタなどに活用して、いつもと一味違った味を楽しみましょう。

ローストポーク エスニックトマトソース

材料・2人分

豚肩ロース肉（ブロック）…… 400～500g
塩 …… 小さじ1

〔エスニックトマトソース〕
トマトペースト（p.50）…… 1/2袋
ライム果汁 …… 20㎖
パクチー（みじん切り）…… 10g
スペアミントの葉（みじん切り）
　…… 3g（約50枚）
きび砂糖 …… 大さじ1
ナンプラー …… 大さじ1
水 …… 大さじ2

作り方

1 豚肉に塩をまぶしつけて30分おき、130℃に予熱したオーブンで1時間焼く。取り出して15分ほど室温で休ませ、好みの厚さに切る。

2 エスニックトマトソースの材料を混ぜ合わせる。

3 器に1を盛り、2をかける。

トマトペーストにパクチーとミントを加えると
エスニック風のソースに変身。
焼いた肉や魚介類のソースとしても使えます。

ゆで野菜のトマトディップ

材料・2人分

カリフラワー……100g
スナップえんどう……6本
にんじん……100g
オクラ……2本
＊野菜は好みのものを3～4種類使う。

〔トマトディップ〕
トマトペースト（p.50）……1/2袋
にんにく（すりおろす）……小さじ1/8
スライスアーモンド……20g
オリーブ油……大さじ4
きび砂糖……大さじ2
レモン汁……小さじ1と1/2
水……大さじ2
ナンプラー……小さじ2
カイエンペッパー……少々

作り方

1 野菜は食べやすい大きさに切り、それぞれゆでてざるに上げ、水気をきる。

2 トマトディップのスライスアーモンドはきつね色になるまで、フライパンでからいりし、残りの材料とともにボウルに入れてハンディブレンダーでペースト状になるまで撹拌する。

3 器に1を盛り、2をつけて食べる。

トマトのうまみにアーモンドのコクが加わったディップ。
カイエンペッパーが味の引き締め役。
カナッペや野菜サンドにしてもgood！

トマトクリームパスタ

材料・2人分

ショートパスタ ……160g
新玉ねぎ ……1/4個
＊ないときは紫玉ねぎでもよい。
スモークサーモン ……80g
ディルの葉 ……1枝分
トマトペースト（p.50）……1/2袋
生クリーム ……200㎖
パルミジャーノ・レッジャーノ ……20g
ケイパー（酢漬け／あれば）……10g
塩 …… 適量

作り方

1 ショートパスタは、袋の表示時間どおりにゆでる。

2 玉ねぎは繊維に沿って薄切りにし、スモークサーモンとディルを加えてあえる。

3 フライパンにトマトペースト、生クリーム、すりおろしたパルミジャーノ・レッジャーノ、ケイパーを入れて中火にかける。煮立ったら弱火にしてとろみが出るまで2分ほど煮詰め、味をみて足りないようなら塩を加える。

4 器に 1 を盛り、3 をかけて 2 をのせる。

トマトペーストがあればパスタソースも簡単に作れます。
サーモンのほかにえびやベーコンなど、
好みの具材をパスタにのせて。

ピワン流
ターメリックライスの炊き方

ピワンでは「日本米」と「バスマティライス」の2種類のライスを使って、カレーに合わせています。カレーとライスの相性もおいしさの決め手になるので、ライスにもちょっとこだわってみましょう。バスマティライスのほかに、身近で手に入るジャスミンライスもおすすめなのでこちらも試してみてください。

材料・4人分

日本米……2合（360㎖）
＊「あきたこまち」など、粘り気の少ない品種がおすすめ。
バスマティライス……1合（180㎖）
水……580㎖（炊飯器の内釜の3合のライン）
ターメリックパウダー……小さじ1
クローブ……1粒
油……小さじ2

カレーに合うライス

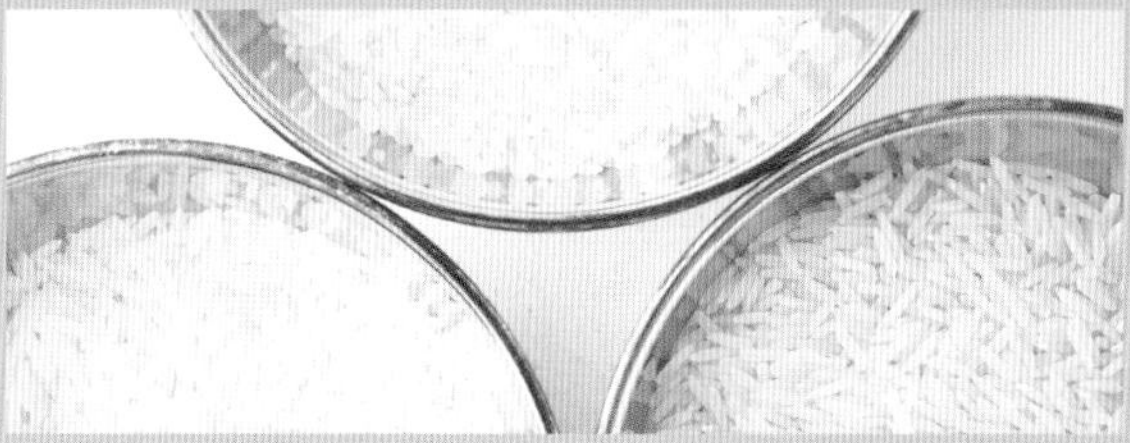

バスマティライス（写真・左）

インドやパキスタンで多く栽培されているインディカ米の中では高級な品種で、汁気の多いカレーと相性抜群。これだけで炊くと日本人には食べ慣れない食感と香りになるので、ピワンでは日本米2：バスマティライス1の割合でブレンドして炊いています。

日本米（写真・上）

粘り気が少なくさっぱりとした味わいの品種がおすすめです。ピワンでは「あきたこまち」を使用しています。日本米だけで炊く場合は、米の重量と同量の水で炊くと、カレーと相性がよいかたさになります。

ジャスミンライス（写真・右）

インディカ米の一種のタイ米で最高級品。ジャスミンライスの稲穂がジャスミンの花のように白いことからこの名がついたとか。ピワンでは使っていませんが、街のスーパーマーケットで入手でき、浸水時間なしで炊けるので手軽に使えます。

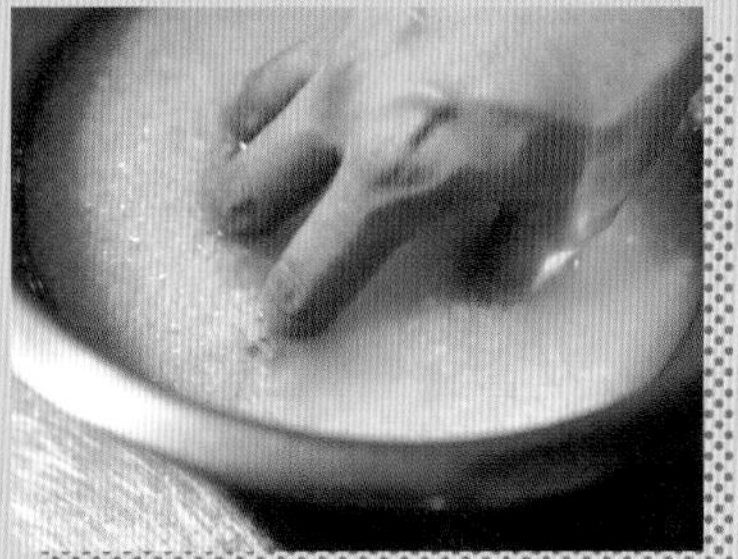

1 ボウルに日本米とバスマティライスを入れ、2～3回ボウルの水をかえながら洗う。
＊バスマティライスが折れないようにやさしく。

2 ざるに上げて水気をきる。

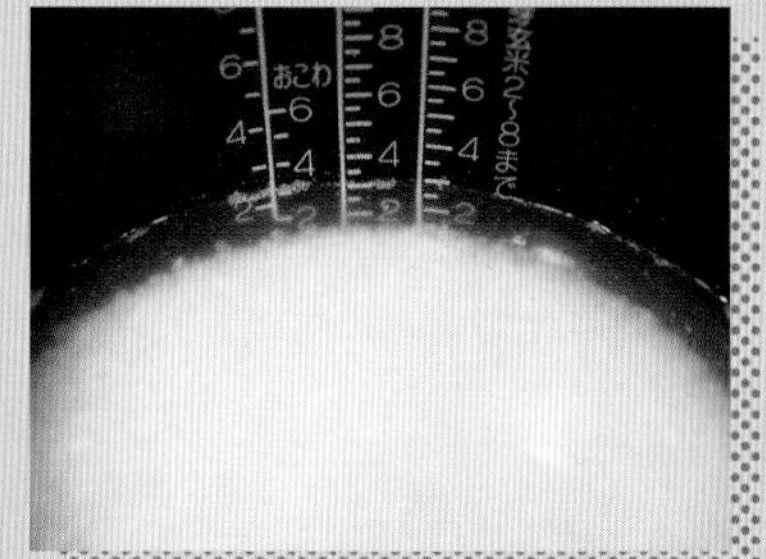

3 炊飯器の内釜に **2** と分量の水を入れて、1時間浸水させる。

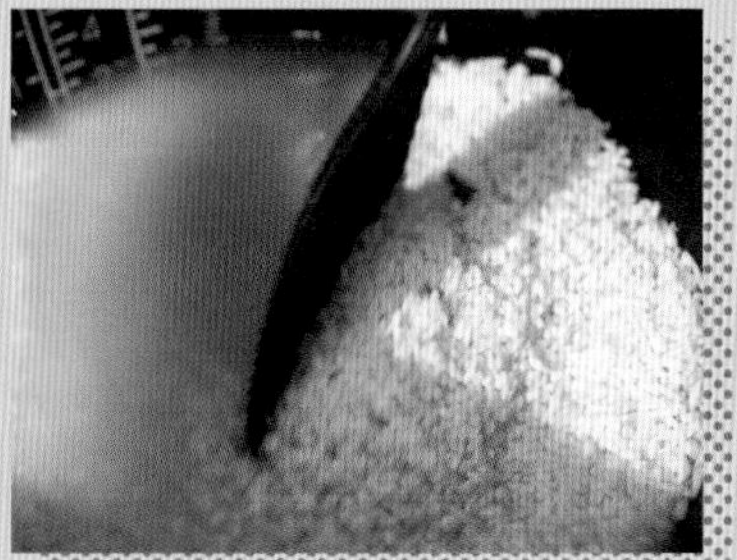

4 ターメリックパウダー、クローブを加えてへらなどでやさしく混ぜる。

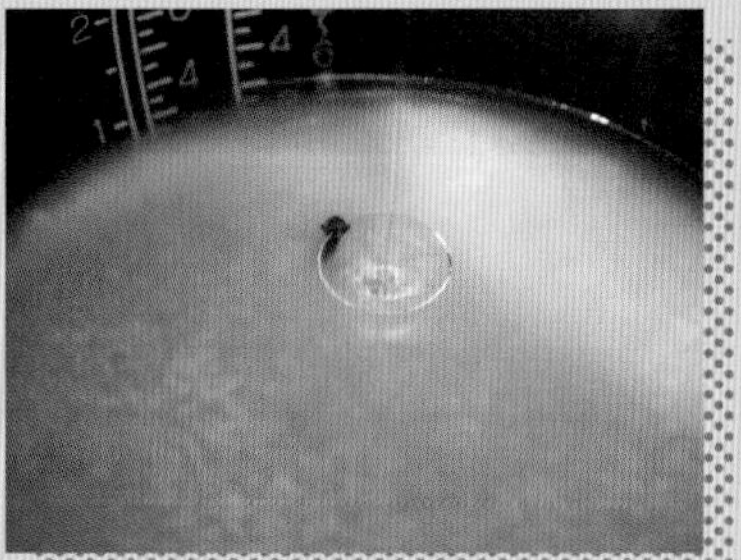

5 最後に油を加えて、通常の炊飯モードで炊く。

6 炊き上がったら、しゃもじでひと混ぜする。

ピワン流ライスの盛りつけ方（ピワン盛り）

ピワンのカレーはどちらかというとシャバシャバタイプのものが多いので、しっかりした土手を作ります。特徴的なのが2種盛りをするときの土手。器の中央に器の深さまでまっすぐに形作ると見た目も美しく、テンションが上がります。また1種盛りのときは器の中央に丸い島を作ります。

器の中央に土手を作る場合

1 茶碗にターメリックライスを盛り、器の中央に移す。

2 2本のしゃもじで土手を作る。1本でサイドを固定しながら、もう1本でライスを押さえる。

3 2本でライスをはさむようにして、5㎝幅くらいにととのえる。

4 1本でサイドを支え、もう1本で上から押さえながら、さらにしっかりとした土手にする。

5 再び2本でライスをはさむようにして、まっすぐにととのえる。

6 **4**と**5**を繰り返してしっかりとしてきれいな形の土手に仕上げる。

器の中央にセルクルで丸い島を作る場合

1 器の中央にセルクルを置き、茶碗に盛ったターメリックライスを中に移す。

＊ セルクルのサイズは器の大きさに合わせて選ぶ。

2 しゃもじで表面が平らになるようにしっかり押さえる。しゃもじでライスを押しながらセルクルをはずす。

器の中央に茶碗で丸い島を作る場合

茶碗にターメリックライスを盛り、しゃもじで表面が平らになるようにしっかり押さえる。器の中央にひっくり返す。

石田 徹 Tetsu Ishida

ピワン（piwang）店主。ピワンとはチベットの弦楽器の名前。1977年、東京生まれ。大学時代にカレー屋でアルバイトをしたことがきっかけでカレー作りを始める。2012年、東京・吉祥寺のハーモニカ横丁にてカレー屋「ピワン」を開業。たちまち話題になり、行列ができる店になって雑誌などで紹介される。2014年、料理家の村山由紀子さん（写真右）と結婚し、二人三脚で店を運営。2019年、ピワンのレトルトカレー（「ど海老カレー」と「黒胡麻担々キーマカレー」）の販売開始。2020年、イベントスペースとカフェを営業する「キチム」とスペースをシェアすることになり移転。

ピワン piwang

東京都武蔵野市吉祥寺本町2-14-7 吉祥ビル地下
お問い合わせ Mail > info@piwang.jp

HP > https://piwang.jp
Instagram > @piwaang

ピワンのおカレー

2021年7月4日　第1刷発行

著　者　石田 徹
発行者　濱田勝宏
発行所　学校法人文化学園 文化出版局
〒151-8524 東京都渋谷区代々木3-22-1
電話　03-3299-2485（編集）
03-3299-2540（営業）
印刷・製本所　株式会社文化カラー印刷

文化出版局のホームページ　http://books.bunka.ac.jp/

アートディレクション・ブックデザイン 小橋太郎（Yep）

撮影 日置武晴

スタイリング 朴 玲愛

調理アシスタント 池上真以

校閲 武 由記子

編集 小橋美津子（Yep）　田中 薫（文化出版局）

［撮影協力］

UTUWA
〒151-0051 渋谷区千駄ヶ谷3-50-11 明星ビル1F
電話 03-6447-0070

Event Space & Café キチム
東京都武蔵野市吉祥寺本町2-14-7 吉祥ビル地下
HP > https://kichimu.la
お問い合わせ Mail > info@kichimu.la